Elisabeth Angermair

MÜNCHEN

Bewegte Zeiten · Die 50er Jahre

Wartberg Verlag

In unserer Reihe „Bilder aus München“ sind bisher erschienen:

(1) Kindheit in München in den 50er Jahren
(2) München. Bewegte Zeiten – Die 50er Jahre

Fotonachweis: Alle Fotos copyright Stadtarchiv München; darunter die Aufnahmen der Fotografen:
Johann Meyer S. 5 oben, 11 oben, 16, 27, 35, 36, 39 oben, 45.
Berthold Fischer, S. 7, 8, 21, 22, 23, 25, 28, 29, 30, 31, 32, 33 oben, 34, 37, 39 unten, 40 unten, 43 oben, 43 unten, 44, 46, 48, 49, 50, 51, 52, 53 oben, 56 unten, 57, 58 oben, 60, 61 unten, 62, 63.
Georg Schödl, S. 9 oben, 10 oben, 12 oben, 15 oben, 24 unten, 26, 33 unten, 41, 58 unten.
Hermann Schlott, S. 9 unten, 12 unten, 13 unten, 14, 15 unten, 17, 18/19, 20, 42, 43 Mitte, 54, 59.
Kurt Huhle, S. 10 unten, 24 oben, 38, 40 oben.
Hans Schürer, S.13 oben.
Hildegard Steinmetz, S. 47.
Müller-Grah, S. 55.
Erika Groth-Schmachtenberger, S. 56 oben.

1. Auflage 2002

Satz und Layout: Typographische Dienste U. Weiss, Borken (Hessen)
Druck: Thiele & Schwarz, Kassel
Buchbinderische Verarbeitung: Buchbinderei Büge, Celle

34281 Gudensberg-Gleichen, Im Wiesental 1
Telefon: 0 56 03/9 30 50
www.wartberg-verlag.de
ISBN 3-8313-1271-0

Bewegte Zeiten

Die Jahrzehnte in der zweiten Hälfte des 20. Jahrhunderts bezeichnen wir in der Regel als geschlossene Einheiten. Wir sprechen von den Fünfzigern, den Sechzigern, den Siebziger Jahren usw. und etikettieren diese Zeitabschnitte mit den in ihnen vorherrschenden Modeströmungen. Für die Fünfziger Jahre fallen regelmäßig Schlagworte wie Nierentisch, Nylonstrümpfe, Halbstarke, Elvis-Tolle, Italiensehnsucht und einige mehr. Schauen wir uns Fotos dieser Zeit an, finden wir diese Schlagworte widergespiegelt. Die Pressefotografen hielten mit der Kamera fest, was die Menschen sehen wollten, was sie als Fortschritt betrachteten, worauf sie stolz sein konnten. „Die Leute hatten die Nase voll; sie hatten genug von der Zeit, genug von den Trümmern; die Leute wollten nicht ihre Sorgen, nicht ihre Furcht, nicht ihren Alltag, sie wollten nicht ihr Elend gespiegelt sehen", schrieb Wolfgang Koeppen in seinem berühmten, in München spielenden Nachkriegsroman „Tauben im Gras".

Die Zeit, von der die Menschen „die Nase voll hatten", hatte überdeutliche Spuren hinterlassen, die es zu beseitigen oder zu verdecken galt, wie die immer noch vorhandenen Ruinen, Schutthalden oder leeren Steinwüsten im Stadtbild. Dazu gehörten aber auch die Erinnerungen an erlebtes Leid, an Verluste und Entbehrungen. Wenn auch bei weitem nicht alle Spuren, die zwölf Jahre Gewaltherrschaft und gut fünfeinhalb Jahre Krieg hinterlassen hatten, innerhalb weniger Jahre beseitigt werden konnten, so suchte und fand man doch viele Möglichkeiten, sich von der Vergangenheit abzulenken, Neues aufzubauen, Modeströmungen aus anderen Ländern aufzugreifen, sich auf Gegenwart und Zukunft zu konzentrieren und Zerstreuung und Vergnügen zu suchen. Angebote gab es in Hülle und Fülle. Die Amerikaner leisteten nicht nur Wirtschaftshilfe, sie importierten auch Hollywood-Filme, Jazzmusik und Rock'n' Roll, Coca Cola und Hula Hoop. Das kulturelle Leben der Stadt öffnete sich wieder dem internationalen Austausch; Theater- und Musikwerke ausländischer Künstler wurden zur Aufführung gebracht, Museen und Galerien zeigten international anerkannte Werke der Bildenden Kunst, ohne Einschränkungen hinsichtlich der Herkunft des Künstlers oder der Stilrichtung zu machen. Die wachsende Mobilität eröffnete Ausflugs- und Reisemöglichkeiten in bisher nicht gekanntem Umfang. Italien mit den sonnigen Adriastränden, mit seinen Kunstmetropolen und Kulturschätzen, mit Pasta und Eis lockte die Münchner in besonderem Maße.

Am wenigsten war die unmittelbare Vergangenheit aus dem politischen Leben zu verbannen. Man griff nach Möglichkeit weiter zurück und versuchte, an die Jahre vor der NS-Diktatur anzuknüpfen. Demokratische Meinungsbildung war wieder möglich, politisch oder wirtschaftlich motivierte Meinungsverschiedenheiten konnten in der Öffentlichkeit zum Ausdruck gebracht werden. Man wählte, man stritt lautstark über die Wiedereinführung der Wehrpflicht, man warnte vor der Atomrüstung und fühlte sich auf diese Weise weitgehend „entnazifiziert".

Militärische Uniformen verschwanden aus dem Stadtbild je stärker sich die Besatzungssoldaten in ihre eigenen, neu erbauten Siedlungen zurückzogen. Die Münchnerinnen und Münchner akzeptierten nur noch modische Trends als Quasi-Uniformen, die angesichts ihrer Vielgestaltigkeit und Buntheit nicht als solche auffielen. Die Wirtschaftswunderjahre erhöhten die Kaufkraft und bereiteten einem breit angelegten Konsumverhalten den Boden. Verführerische Reklame säumte den Weg durch die Stadt: „sie gingen weiter, gingen an den Neubauten der Kinos *Unsterbliche Leidenschaft gnadenlos ergreifendes Arztschicksal,* an den Neubauten der Hotels *Dachgarten über den Ruinen Cocktailstunde* vorbei, wurden von Kalkstaub berieselt, mit Mörtel beworfen, gingen durch die auf Trümmerfeldern errichtete Ladenstraßen, zur Linken und zur Rechten die ebenerdigen Baracken, blitzend mit Chromleisten, Neonleuchten und Spiegelscheiben: Parfüm aus Paris, Dupont-Nylon, Ananas aus Kalifornien, schottischer Whisky, bunte Zeitungsstände: *Zehn Millionen Tonnen Kohle fehlen.*", so noch einmal Wolfgang Koeppen. Die Fünfziger Jahre hinterlassen auf diese Weise auch für München den Eindruck schillernder und bewegter Jahre.

Elisabeth Angermair

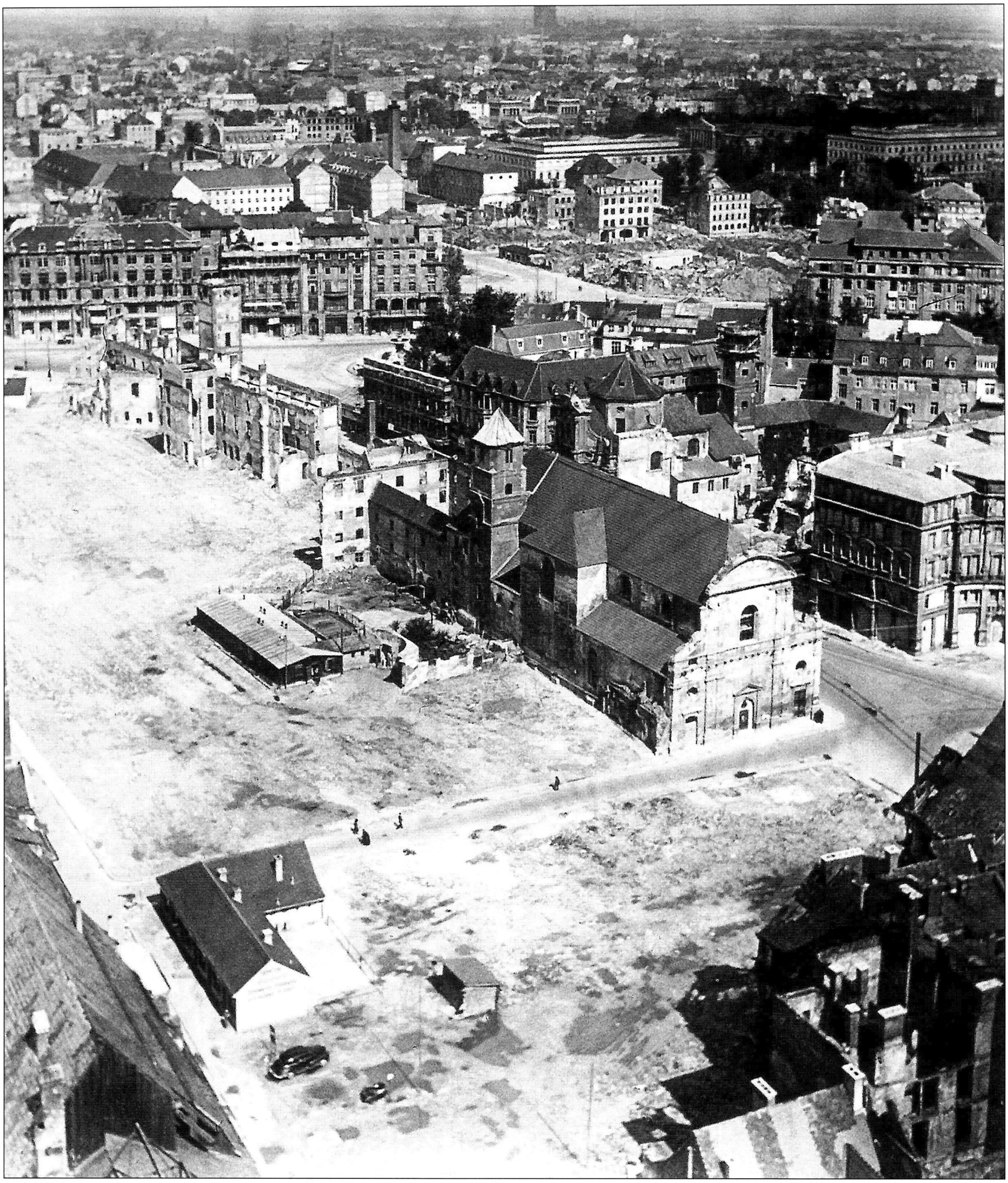

Kriegsfolgen

Die Bombenschäden des Zweiten Weltkrieges hatten große Lücken in der Münchner Innenstadt hinterlassen. Hier ein Blick vom Turm der Frauenkirche auf das von den Ruinen freigeräumte Gelände der ehemaligen Herzog-Max-Burg; Aufnahme von 1949.

► „Rama dama“ auf dem Marienplatz: Da auf den Straßen Münchens auch in der Innenstadt immer noch Bauschutt zerstörter Häuser lag, riefen Münchner Zeitungen und der Rundfunk zusammen mit dem amerikanischen Stadtkommandanten zu einer Schutträumaktion auf. Für den ersten dieser „Rama dama“-Tage im Oktober 1949 konnten sie unter anderem den Oberbürgermeister Thomas Wimmer (Bildmitte) als Schirmherrn gewinnen, der sich eine Arbeitskluft anzog und auf dem Marienplatz tatkräftig mithalf. Diese Aktion trug wesentlich zu seiner großen Popularität in der Münchner Bevölkerung bei.

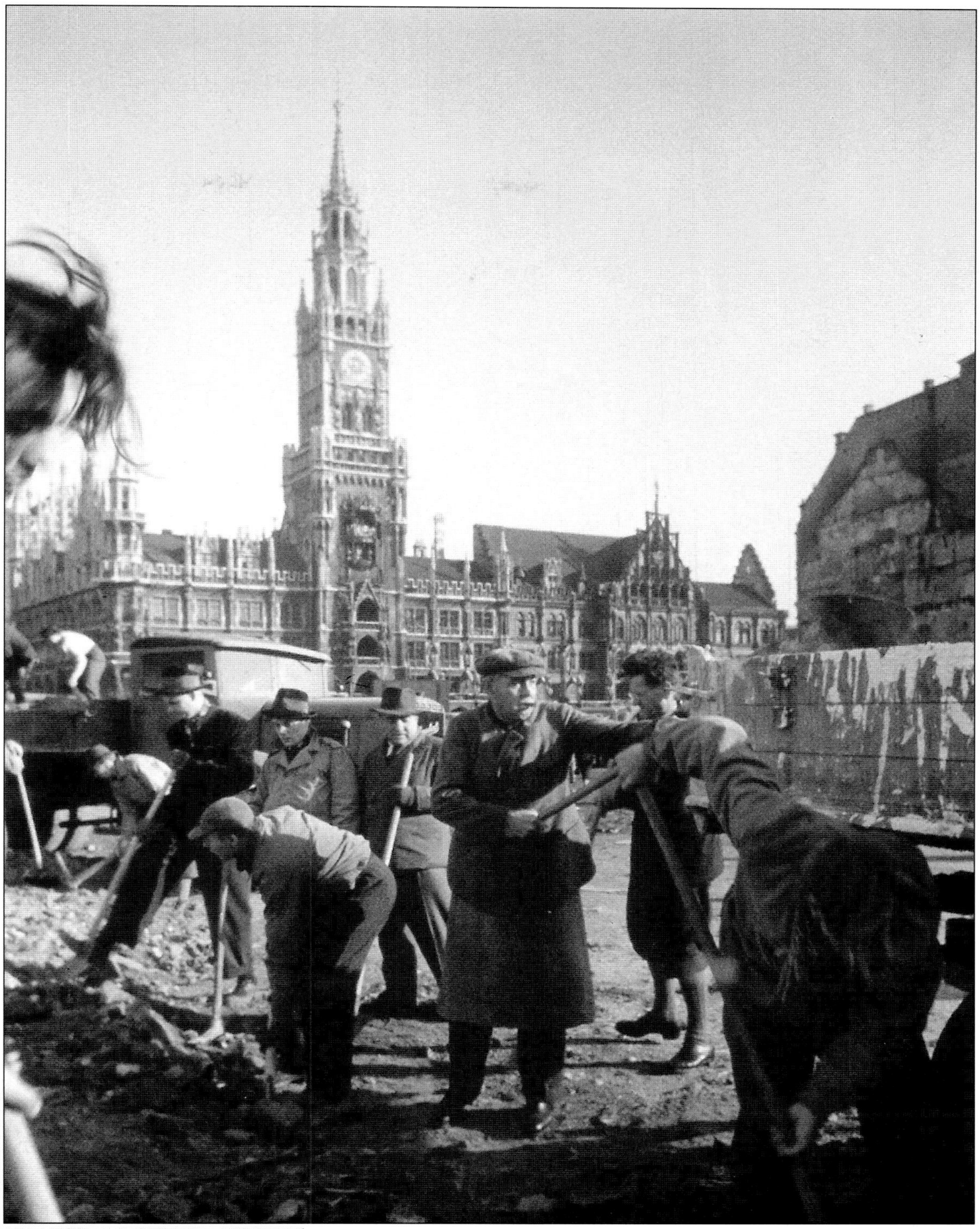

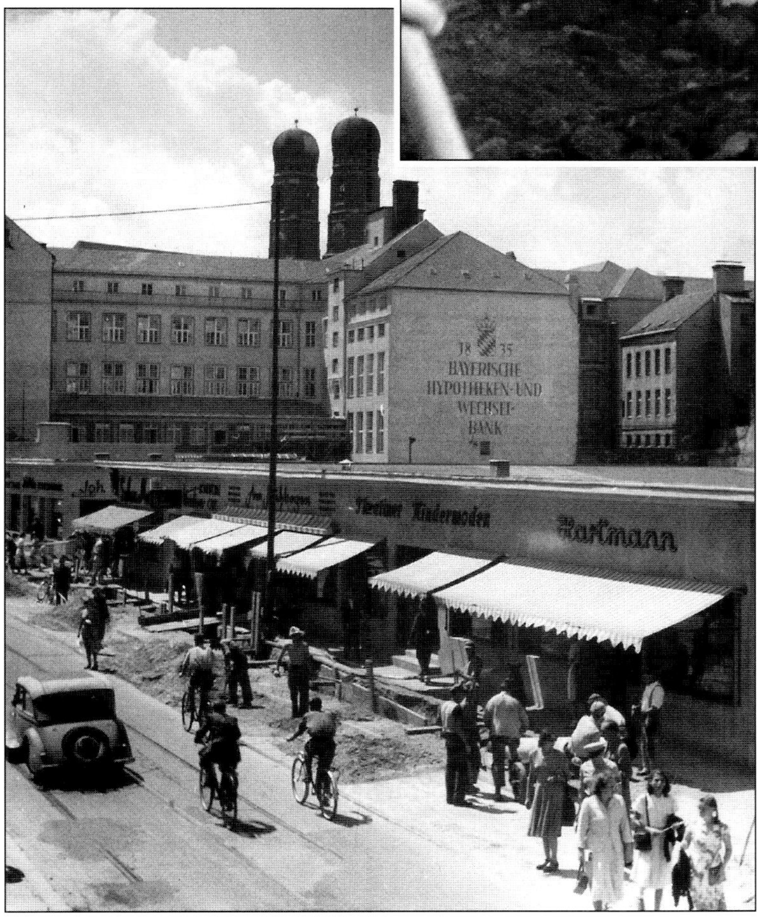

◄ Nicht alle freigeräumten Ruinengrundstücke in der Innenstadt konnten gleich wieder mit entsprechenden Wohn- und Geschäftshäusern bebaut werden. Vielerorts entstanden einfache Behelfsbauten wie hier in der Theatinerstraße, die den nach der Währungsreform sich rasch belebenden Einzelhandel aufnahmen; Foto von 1950.

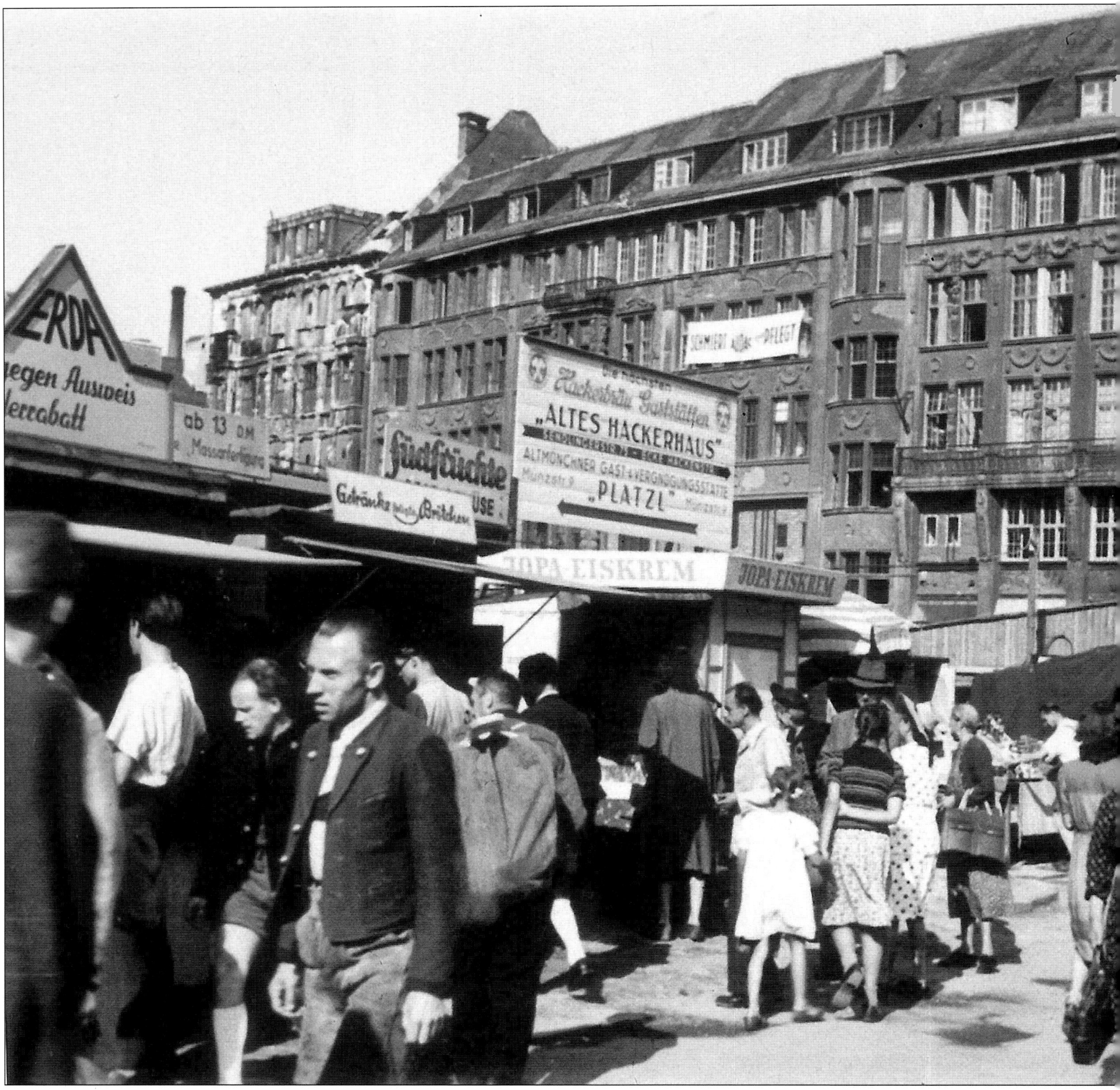

▲ Die Reste der einstigen Bebauung auf der Südseite des Marienplatzes mussten vollständig abgerissen werden. Noch in der Mitte der fünfziger Jahre standen hier – wie auf dieser Aufnahme von 1949 – einfache Baracken und niedrige Behelfsbauten, in denen jedoch reges Geschäftsleben herrschte.

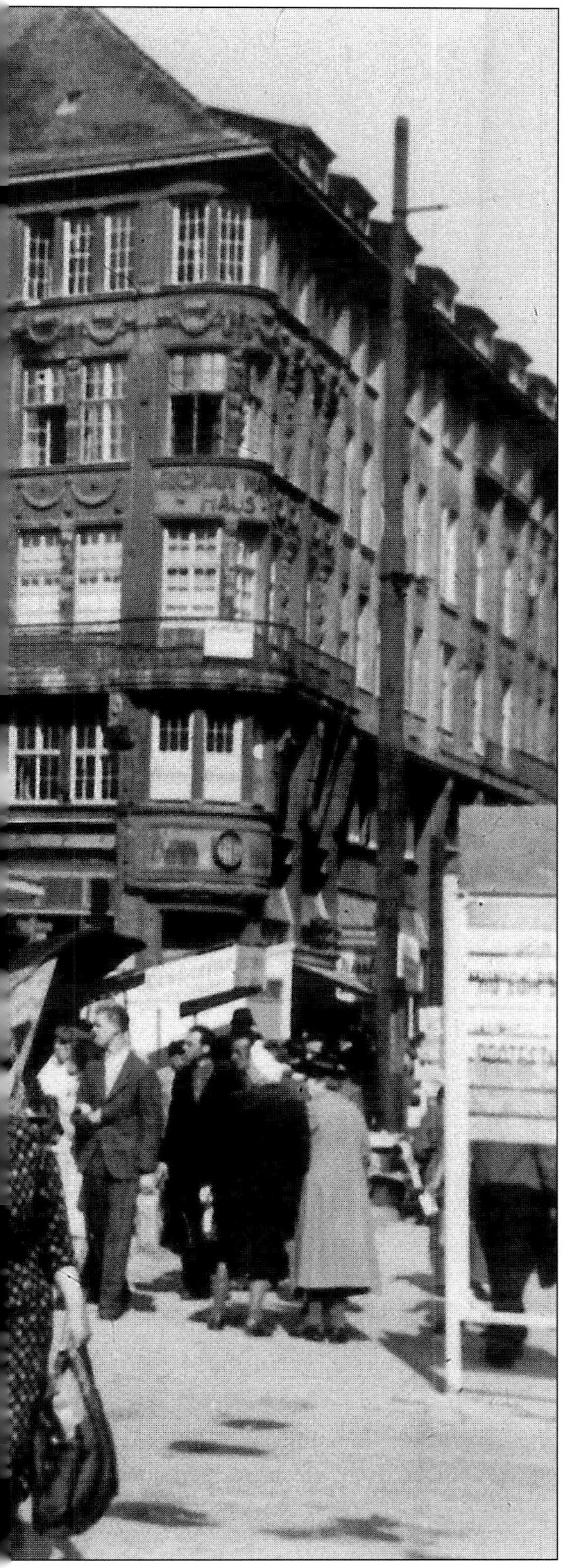

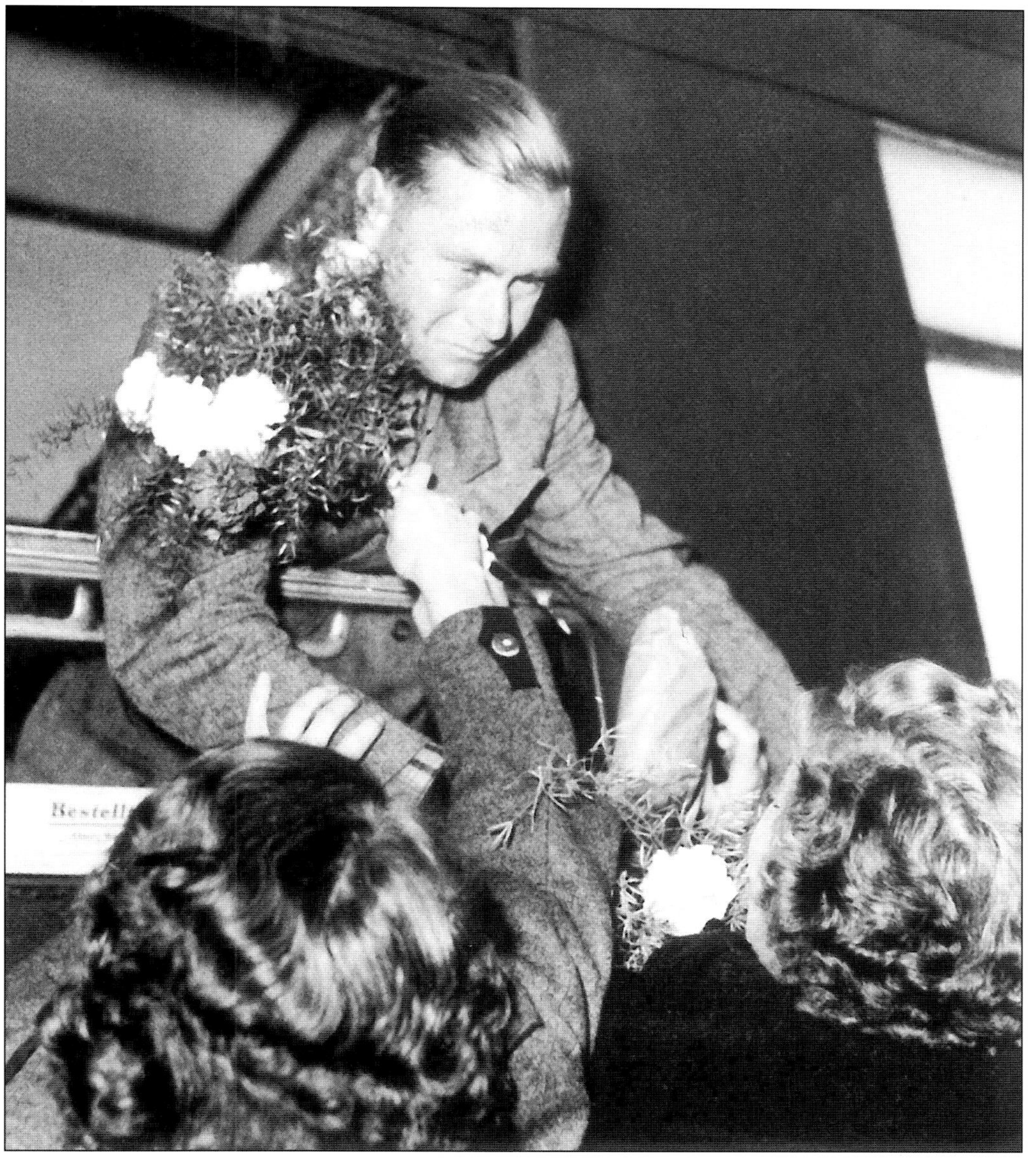

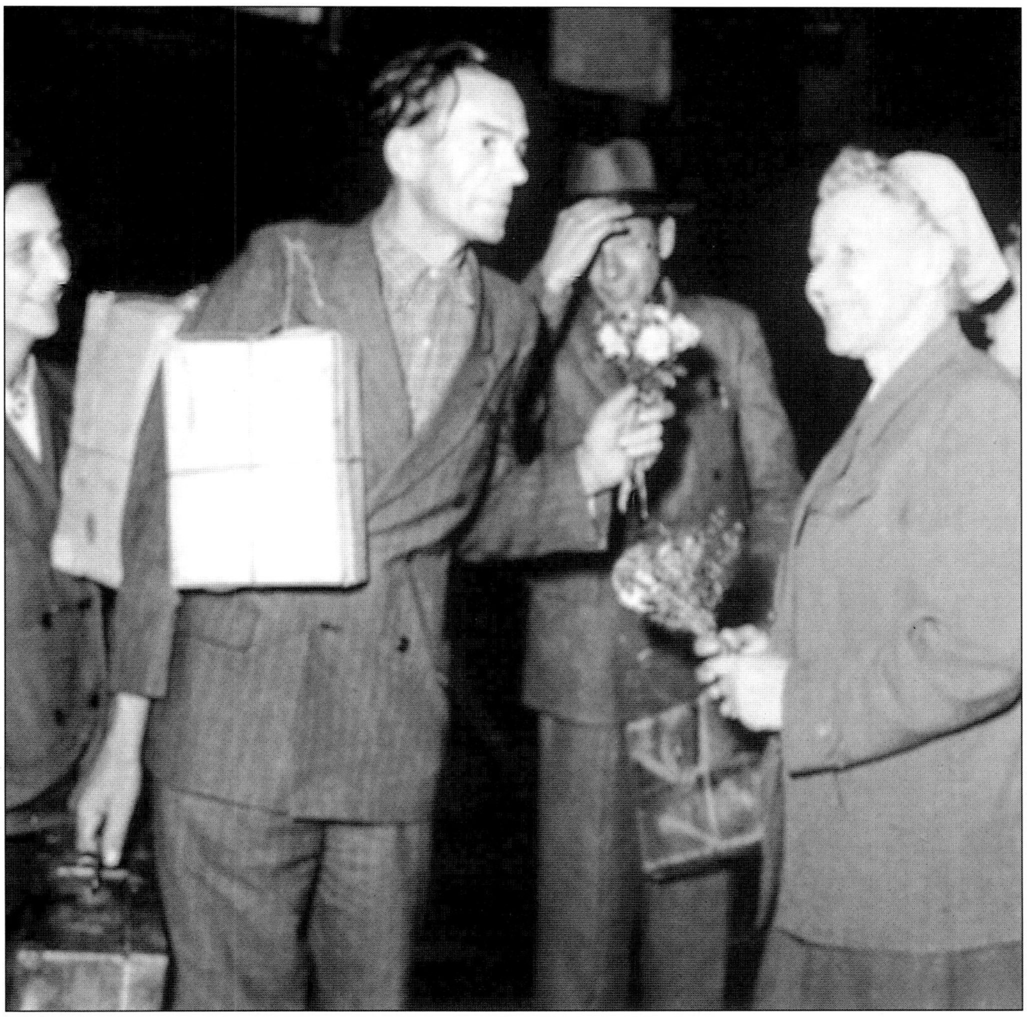

►►Immer wieder kamen Züge mit Spätheimkehrern aus der russischen Kriegsgefangenschaft am Münchner Hauptbahnhof an. Sie wurden von ihren Familien nach der jahrelangen Trennung begeistert begrüßt. Die Erlebnisse und erduldeten Entbehrungen waren ihren Gesichtern abzulesen, und die damit verbundenen Traumata erschwerten häufig ihre Wiedereingliederung in die Zivilgesellschaft; Aufnahmen von 1953.

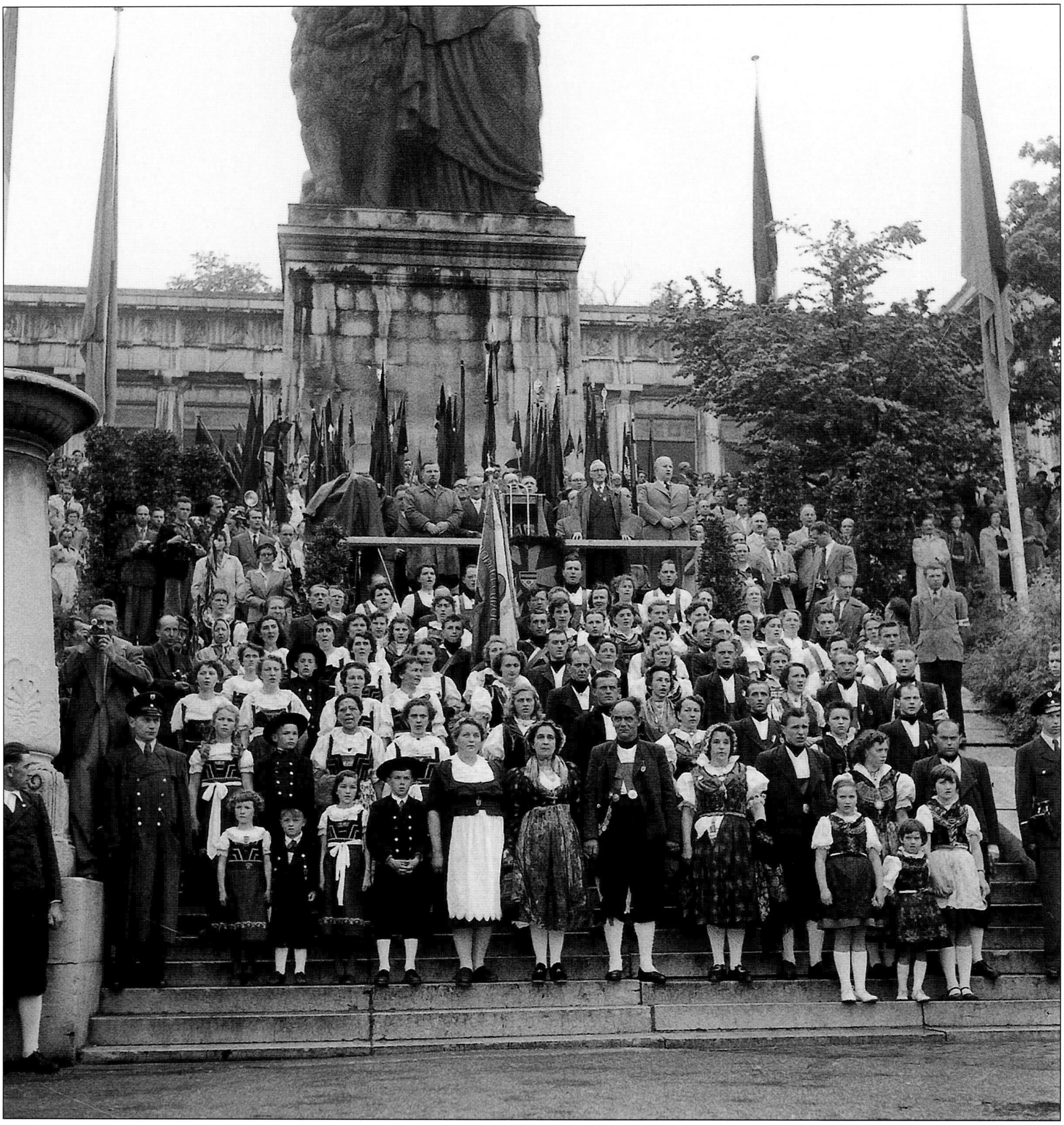

▲ Flüchtlinge aus den ehemaligen Ostgebieten sorgten nach dem Krieg für ein rasches Wachstum der Münchner Bevölkerungszahl. Ihre Aufnahme in die stark zerstörte Stadt und ihre Integration in das darniederliegende Wirtschaftsleben ging nicht ohne Probleme vor sich. In München waren es vor allem Sudetendeutsche, die hier eine neue Heimat fanden und letztendlich einen wichtigen Beitrag zum Wiederaufbau der Stadt leisteten. Stolz und selbstbewusst präsentierten sie sich bei einer Kundgebung ihrer Landsmannschaft im Juni 1954 zu Füßen der Bavaria an der Theresienwiese.

▶ ▼ Bildzeugnisse für die große Wohnungsnot in München: Wartende Menschen im Wohnungsamt an der Goethestraße im Mai 1953 und ein kriegsversehrter Wohnungssuchender, der 1954 mit unkonventionellen Mitteln um Hilfe bat. Ein eklatanter Wohnungsmangel galt lange Zeit als Hauptproblem der Münchner Kommunalpolitik. Kriegszerstörung, Flüchtlingszustrom und Beschlagnahmung von Wohnungen für die amerikanische Besatzungsmacht hatten dazu geführt. Viele der während des Krieges ausgebombten und evakuierten Münchner mussten länger als zehn Jahre warten, bevor sie in ihre Heimatstadt zurückkehren konnten.

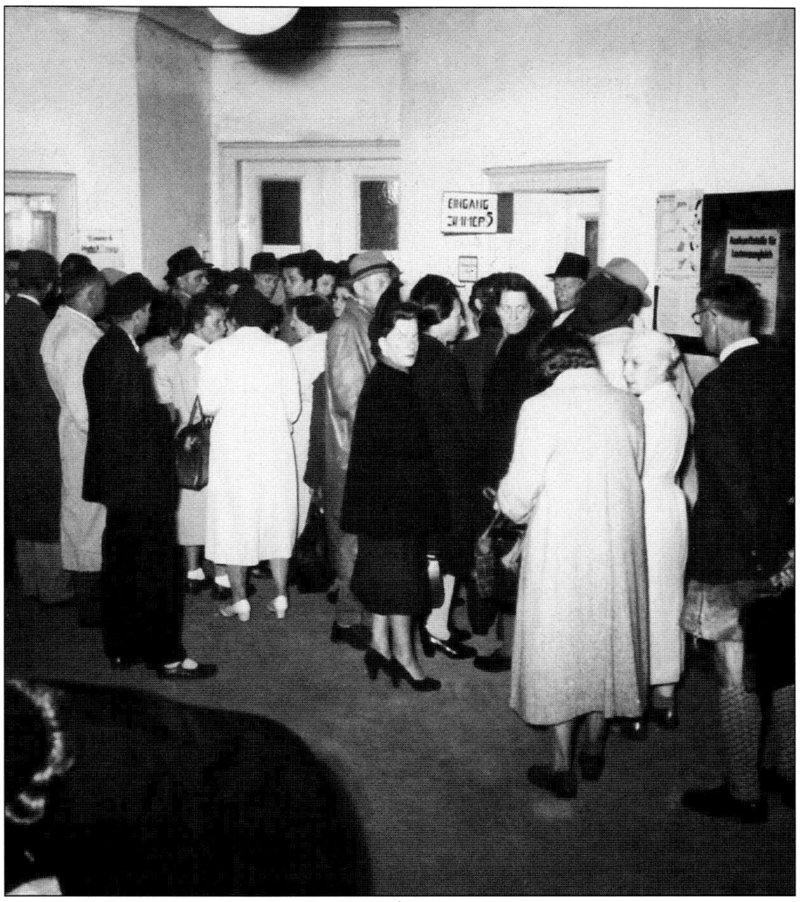

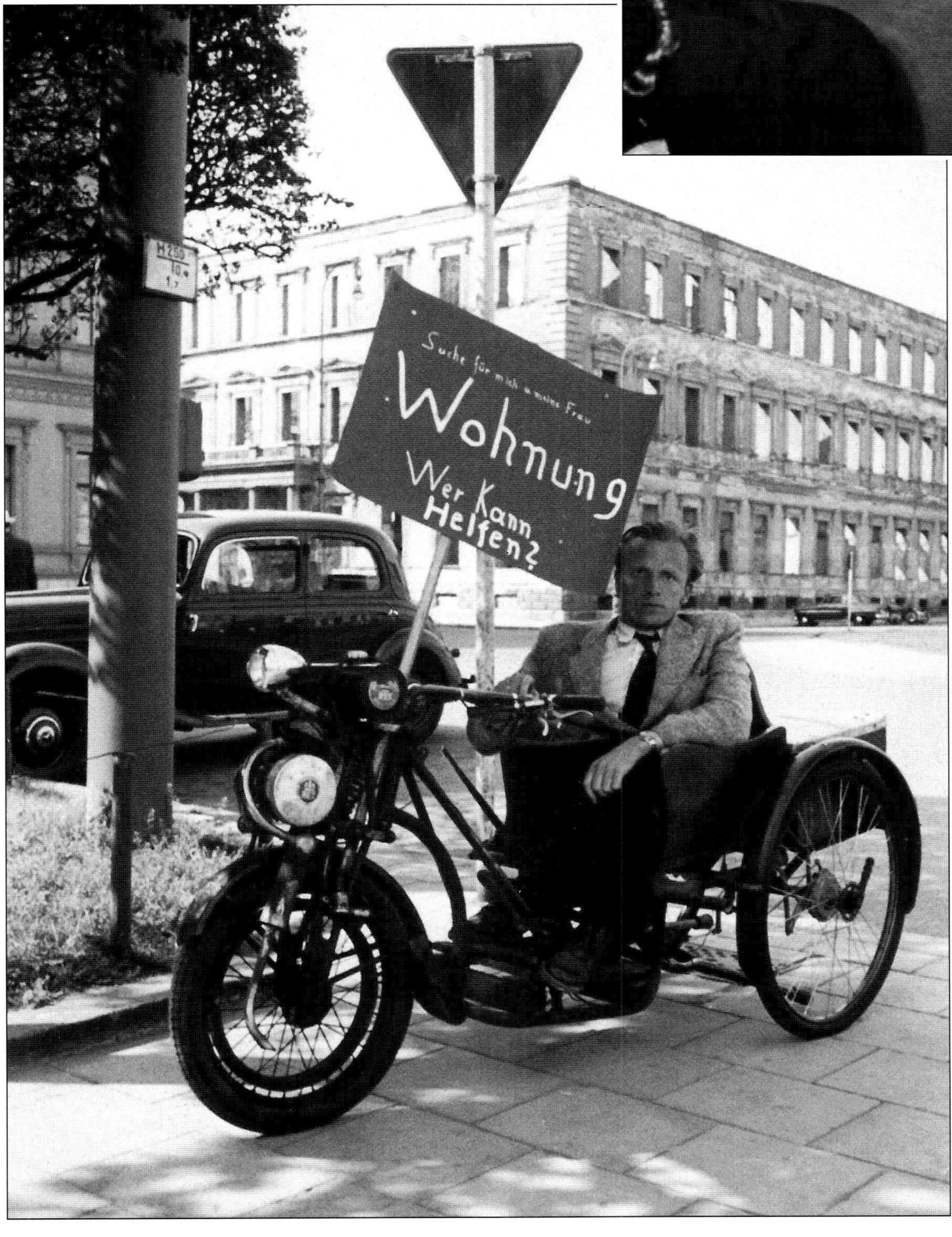

Wiederaufbau und neues Design

▶ Richtfest für eine neue Wohnanlage am Harthof, Juli 1953. Neue Wohnsiedlungen für Flüchtlinge oder rückkehrwillige Evakuierte entstanden vor allem an den Randlagen Münchens.

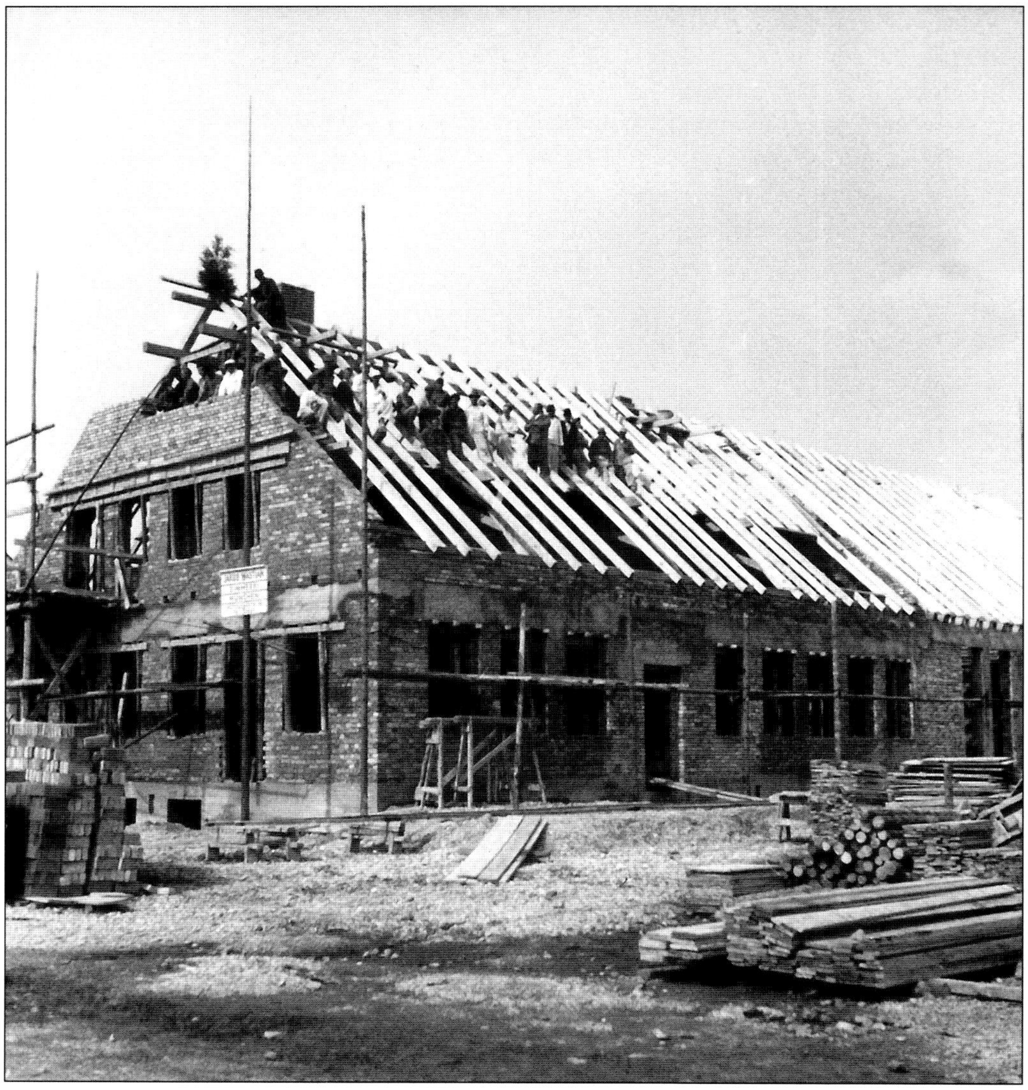

▶ Wohnungsneubauten im Architekturstil der fünfziger Jahre an der Elisabethstraße.

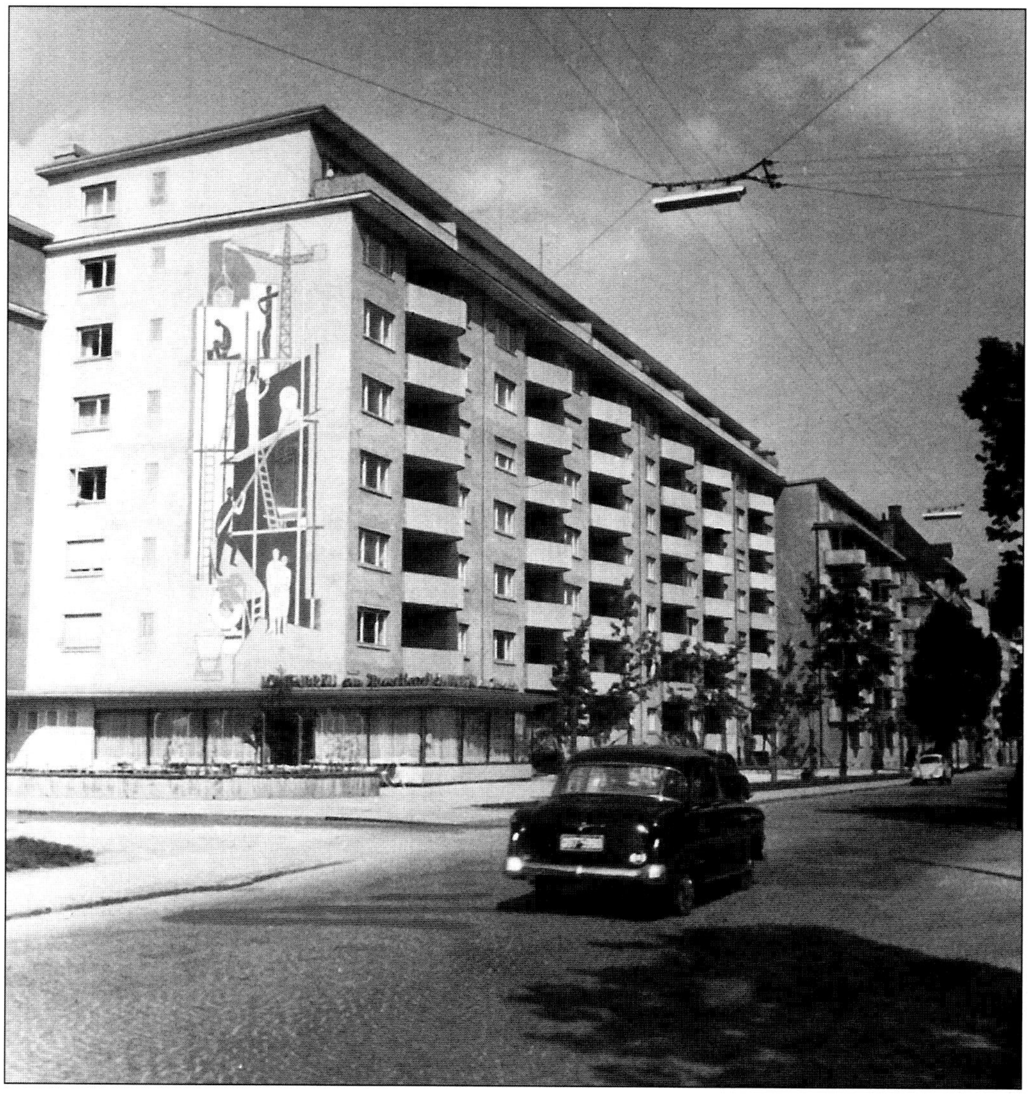

▸Wohnhochhaus des Architekten Sep Ruf an der Theresienstraße, April 1951. Mit Gebäuden wie diesem verschaffte sich Sep Ruf einen Namen als Architekt mit ausgeprägtem Formgefühl. Architekturkritiker priesen die sachliche Linie seiner Bauten, aber auch seine bewusste Planung hinsichtlich praktischer Belange und der damit verbundenen Steigerung des Wohnwertes.

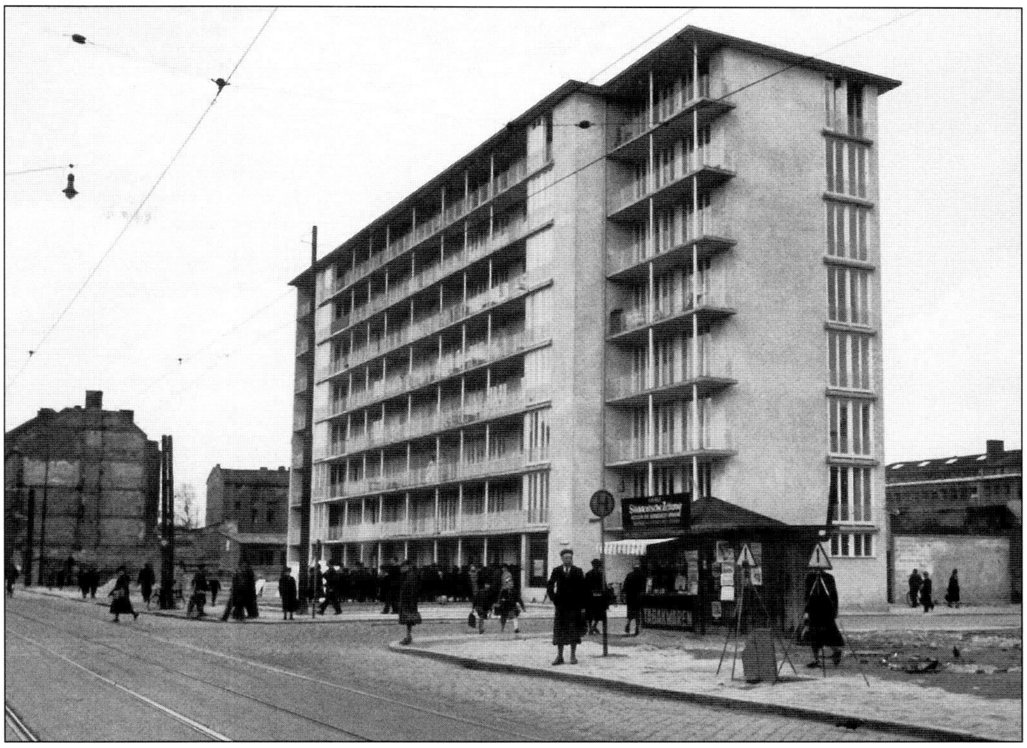

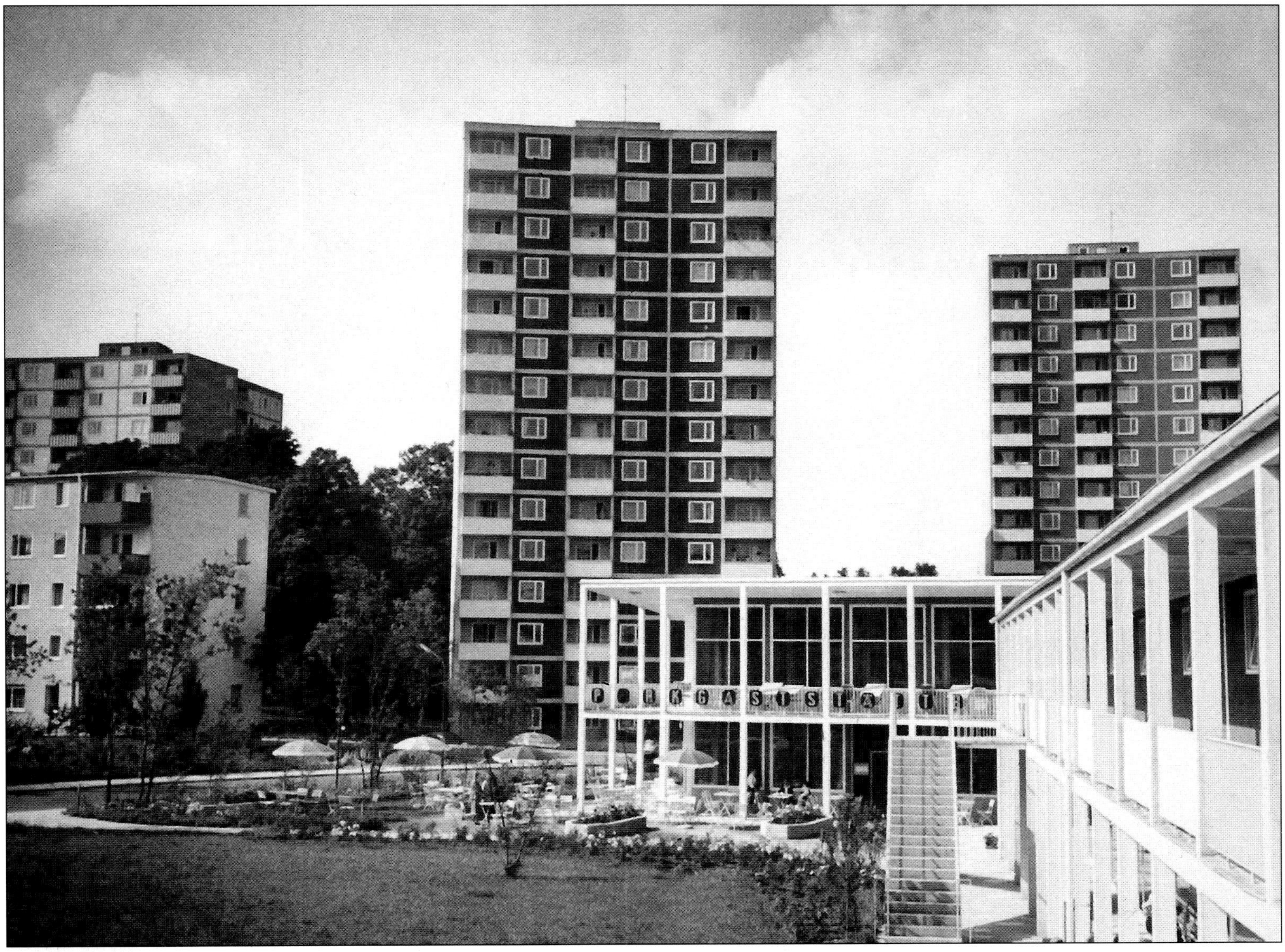

▴Die bis dahin größte Münchner Wohnanlage nach dem Krieg entstand in den Jahren 1954 bis 1956 auf einem Gelände in Bogenhausen. Die „Parkstadt Bogenhausen“ gewann und bewahrt ihren Charakter durch die Vielseitigkeit ihrer unterschiedlichen Bauformen, in denen Wohnraum für zirka 6500 Menschen geschaffen wurde. Zwölf- und fünfzehngeschossige Hochhäuser stehen hier neben vier-, fünf- und achtstöckigen Zeilenbauten. Die Errichtung der als Wohnkasernen verschrieenen Hochhäuser stieß zwar auf Kritik in der damaligen Presse; letztendlich waren aber gerade die Wohnungen der obersten Stockwerke am schnellsten vermietet.

▶ Blick vom Lenbachplatz auf die neuen Verwaltungs- und Geschäftsbauten, die anstelle der zerstörten Herzog-Max-Burg errichtet wurden. Der Stahlskelettbau mit den großflächigen Glasfassaden entstand nach den Plänen der Architekten Sep Ruf und Theo Pabst.

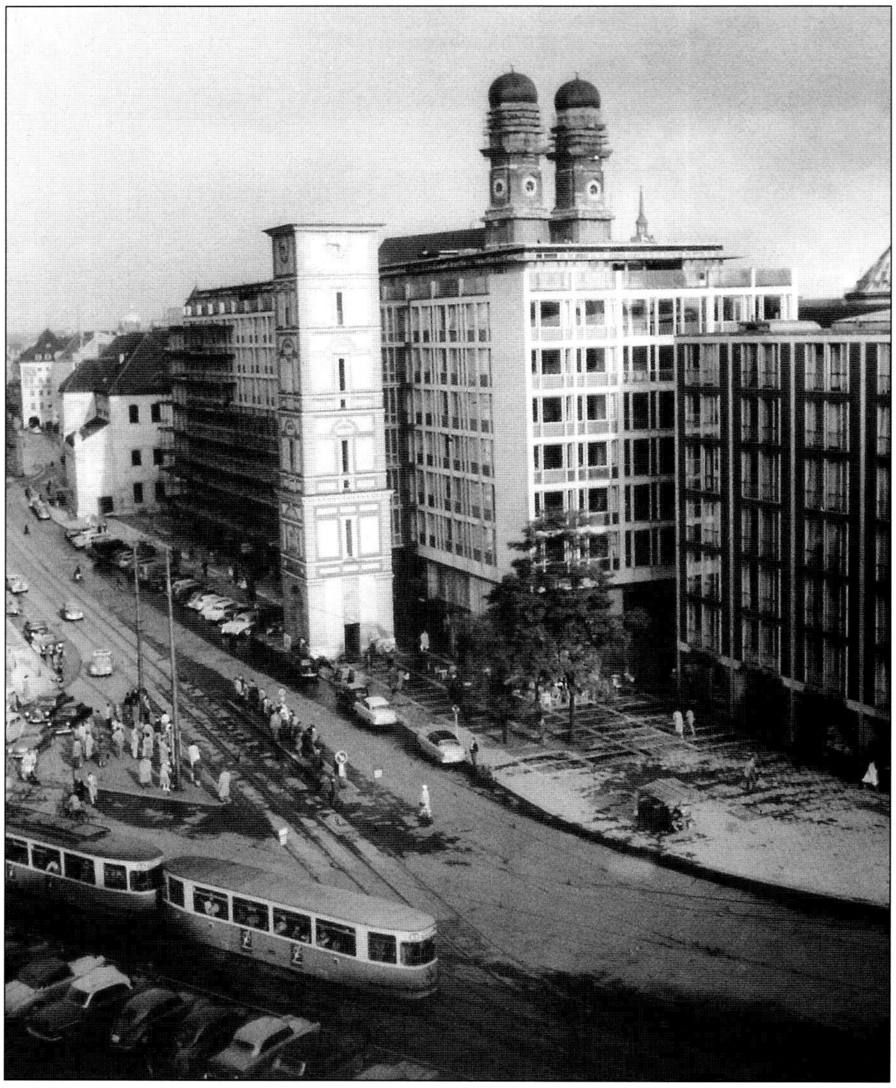

▶ Provisorische und endgültige Lösungen: Die Barackenlager, die die Stadtverwaltung in den Stadtrandgebieten zunächst für die Flüchtlinge errichtet hatte, blieben vielfach bis weit in die fünfziger Jahre hinein bestehen. Diese Aufnahme von 1956 zeigt ein Flüchtlingslager in Sendling vor den neugebauten Wohnhäusern der Siemenssiedlung an der Boschetsrieder Straße.

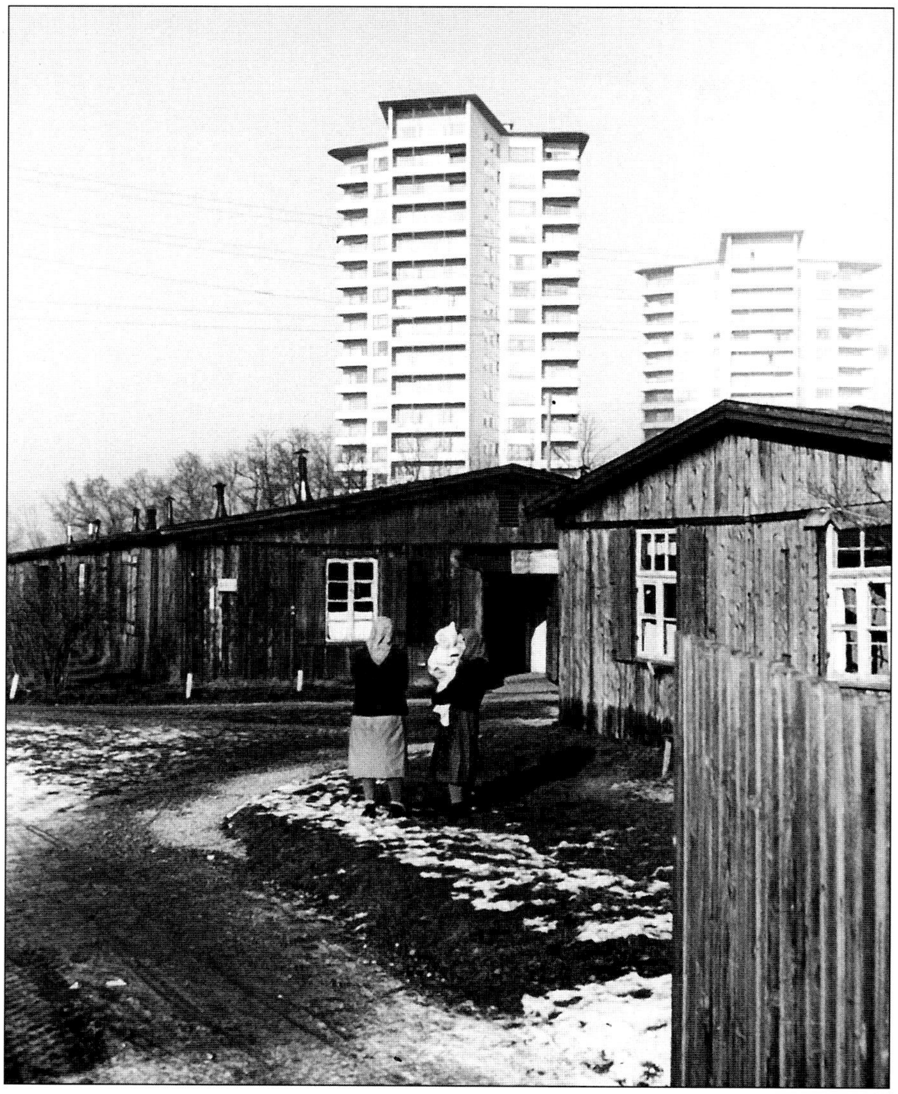

▶ Möblierung im Stil der fünfziger Jahre.

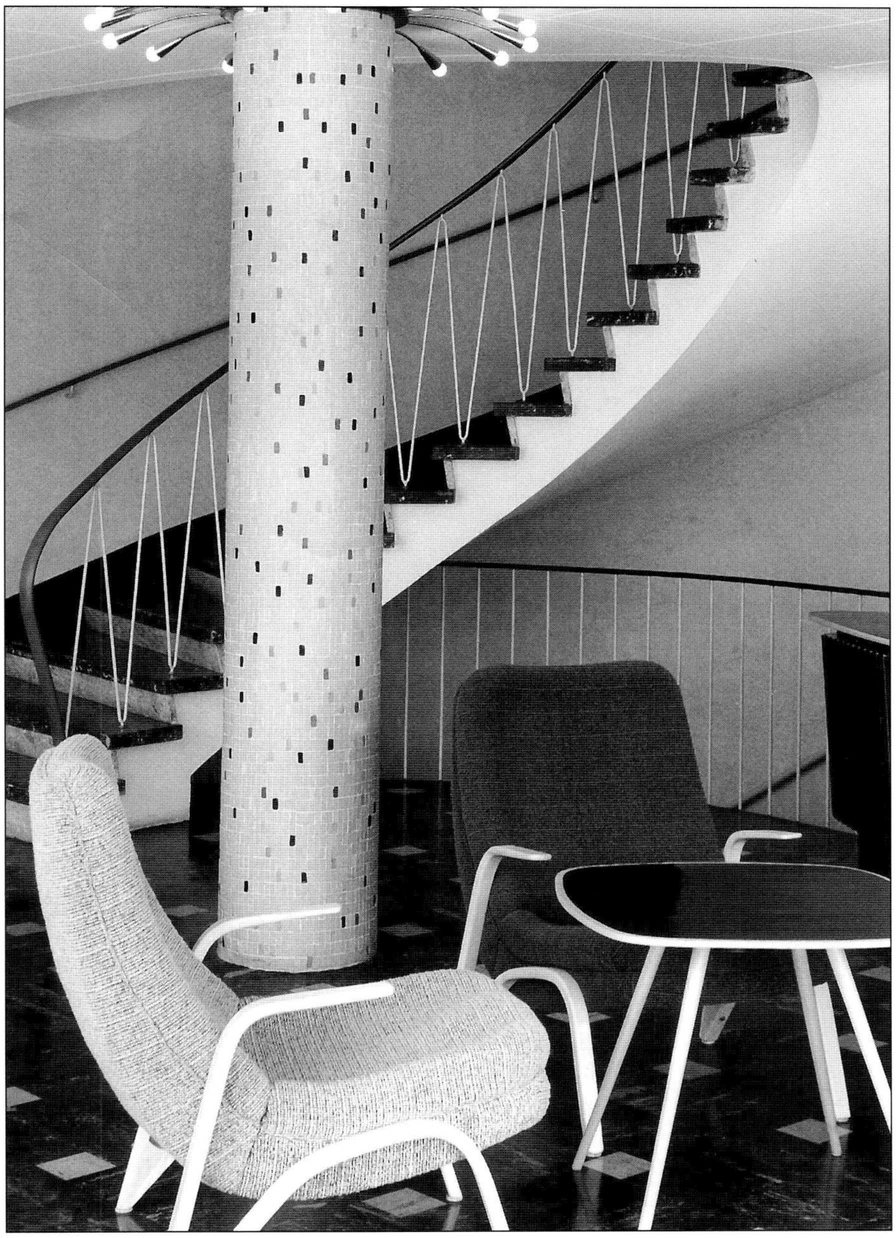

▶ Gerade für Treppenhäuser in mehrstöckigen öffentlichen Gebäuden ließen sich die Architekten dieser Zeit einfache, aber formschöne Konstruktionen einfallen.

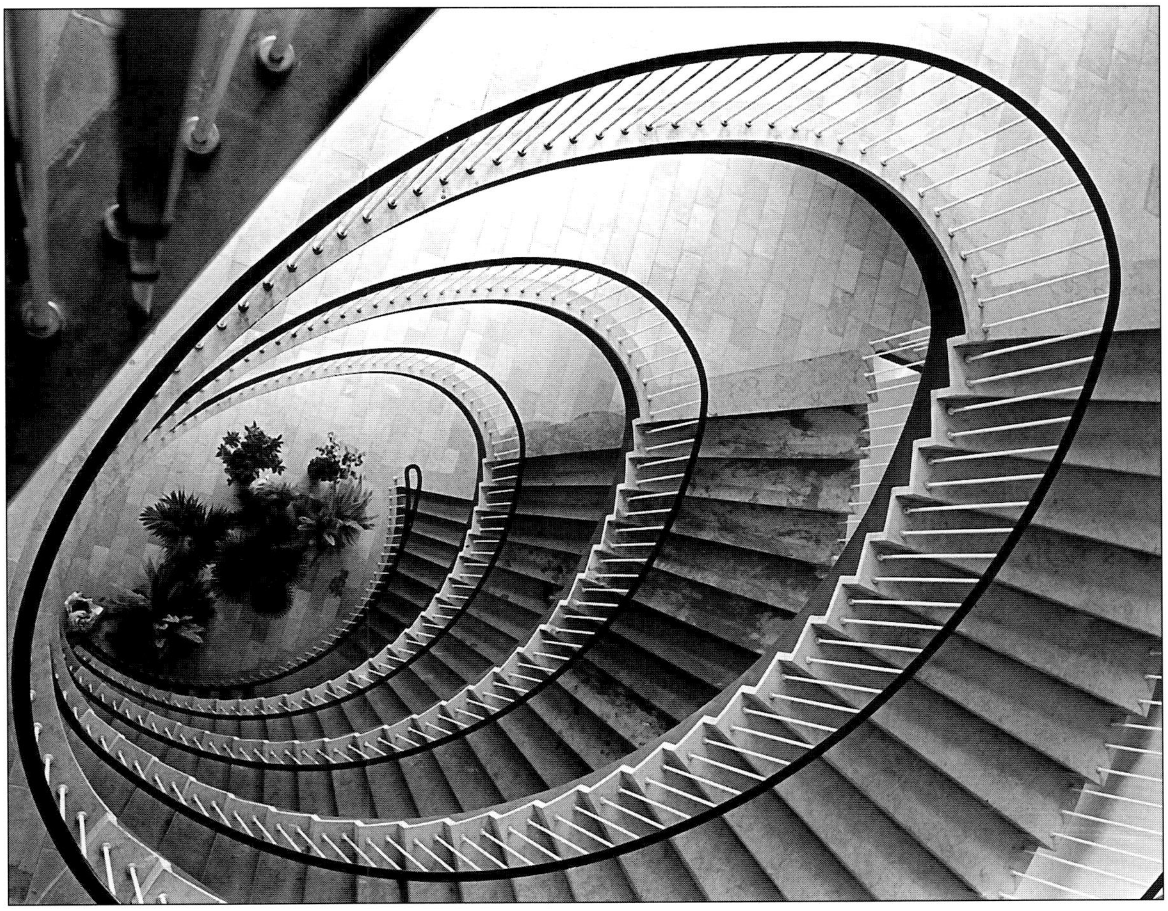

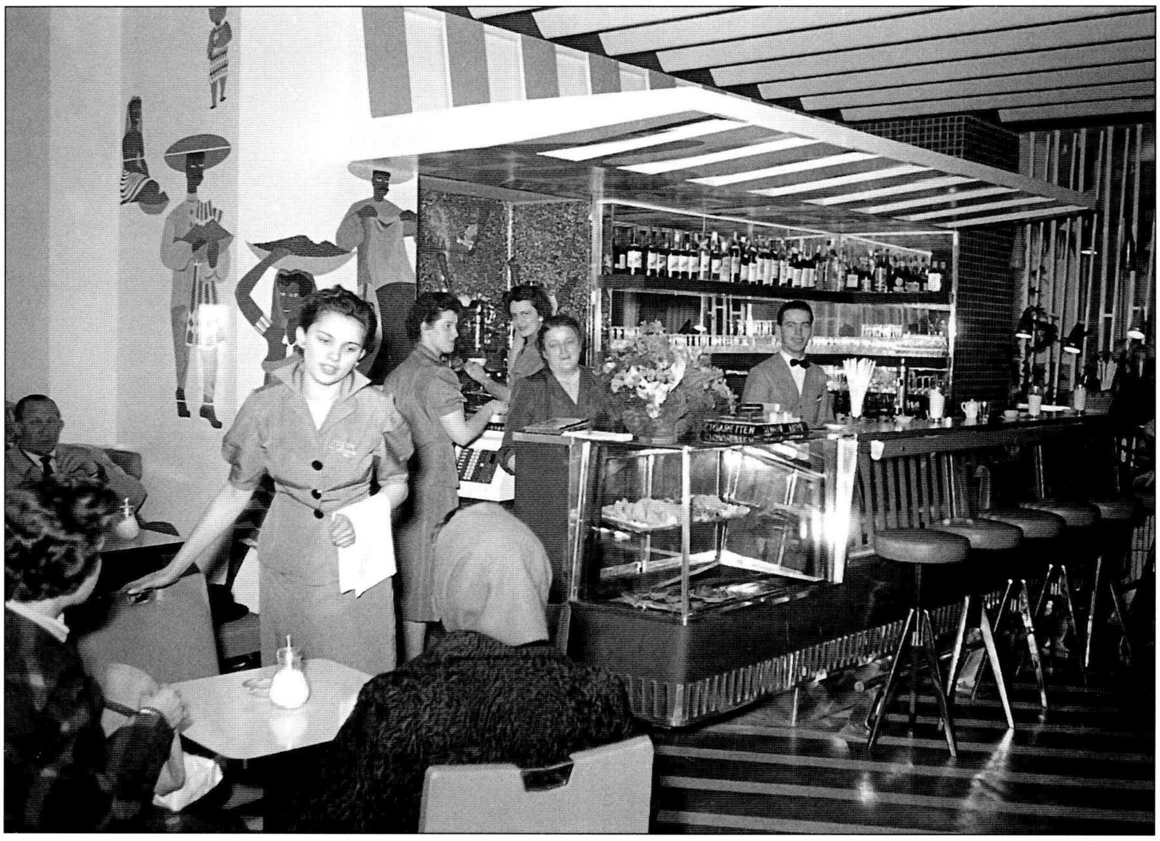

◄ Streifenmuster durften an den Wänden oder an der Möblierung eines Cafés oder einer Gaststätte, die sich aufgeschlossen für das Moderne zeigen wollte, nicht fehlen.

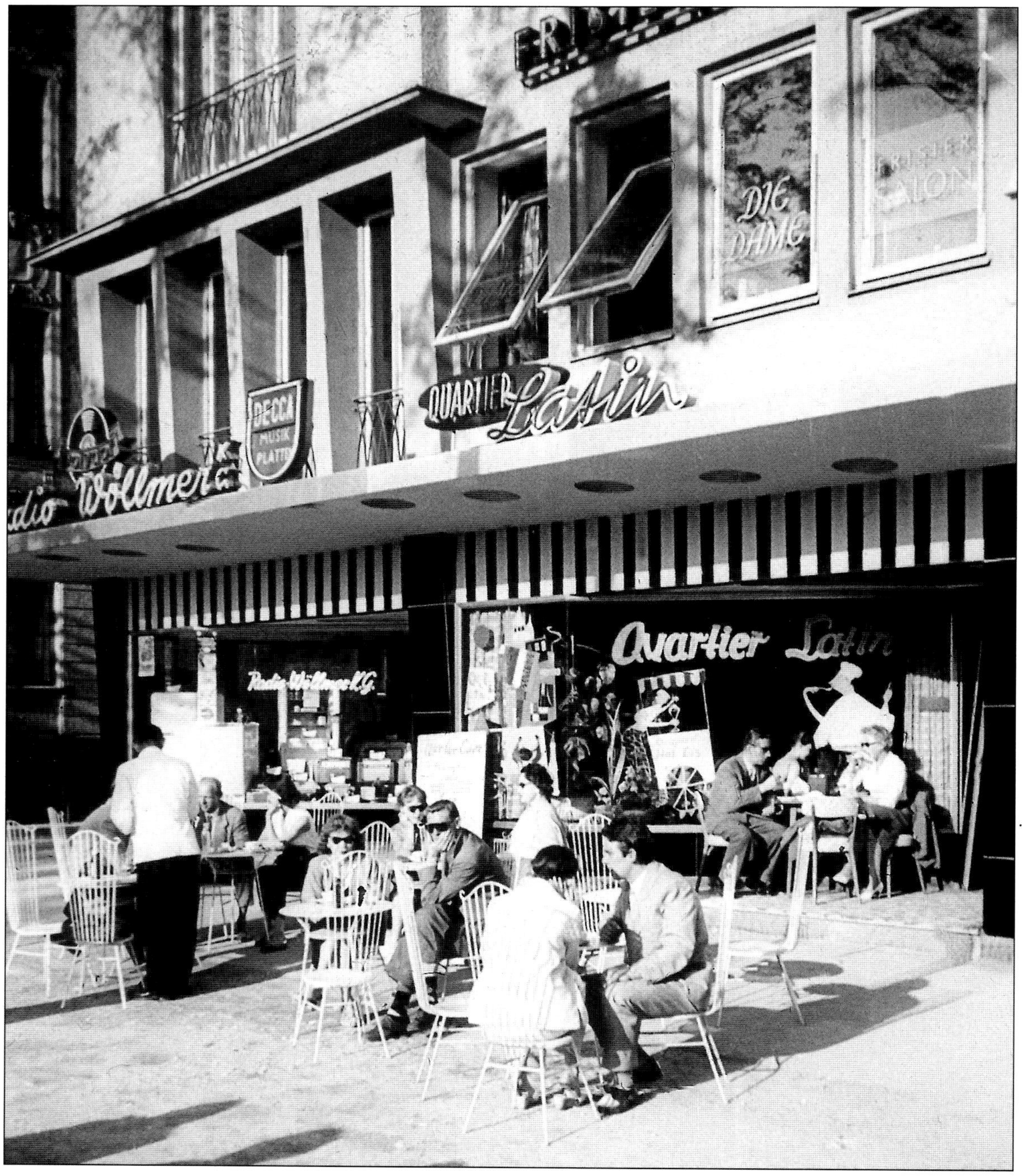

◄ Das „Quartier Latin“ ein beliebter Treffpunkt an Münchens Flaniermeile, der Schwabinger Leopoldstraße; Foto von 1956.

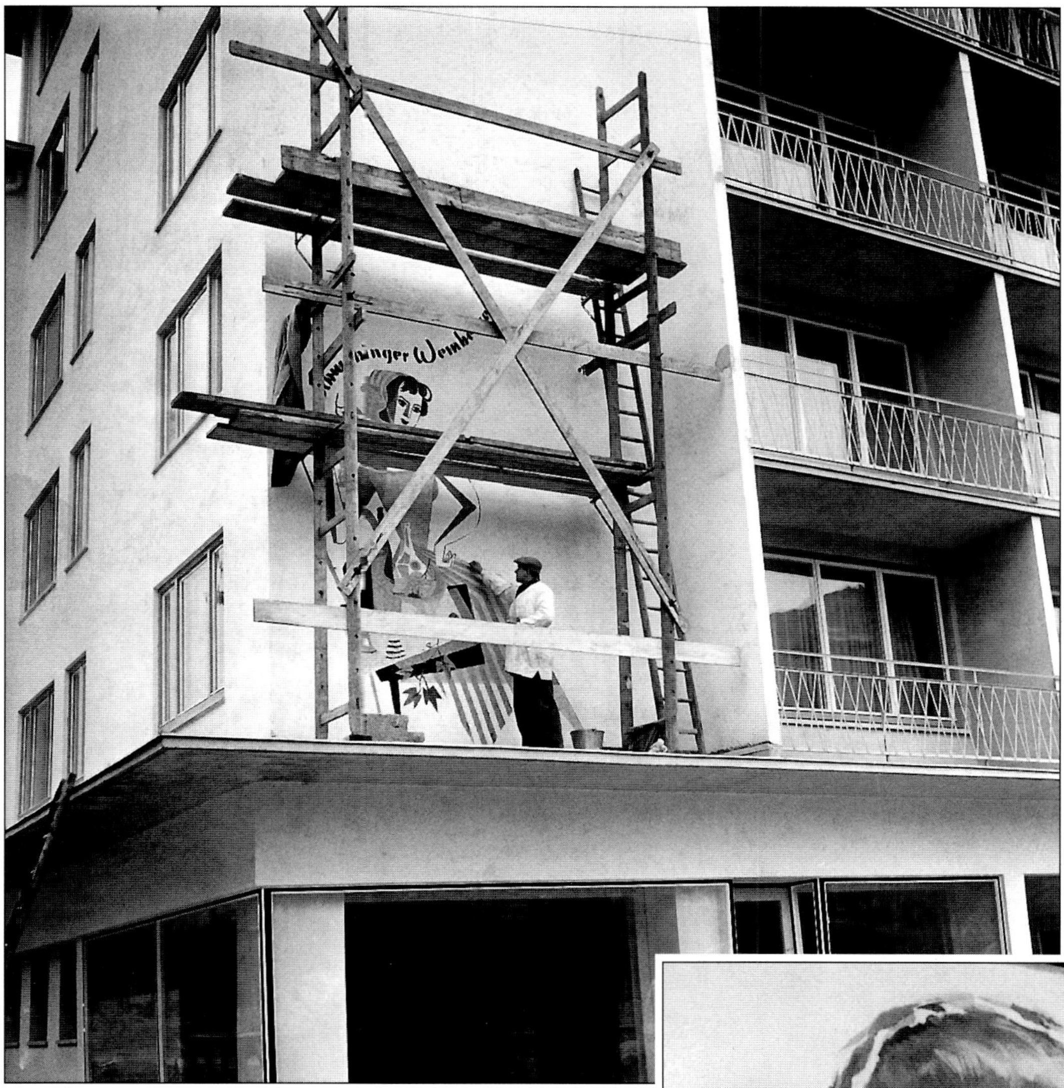

◀ Ein Fassadenmaler verschönert ein Münchner Wohnhaus, 1955.

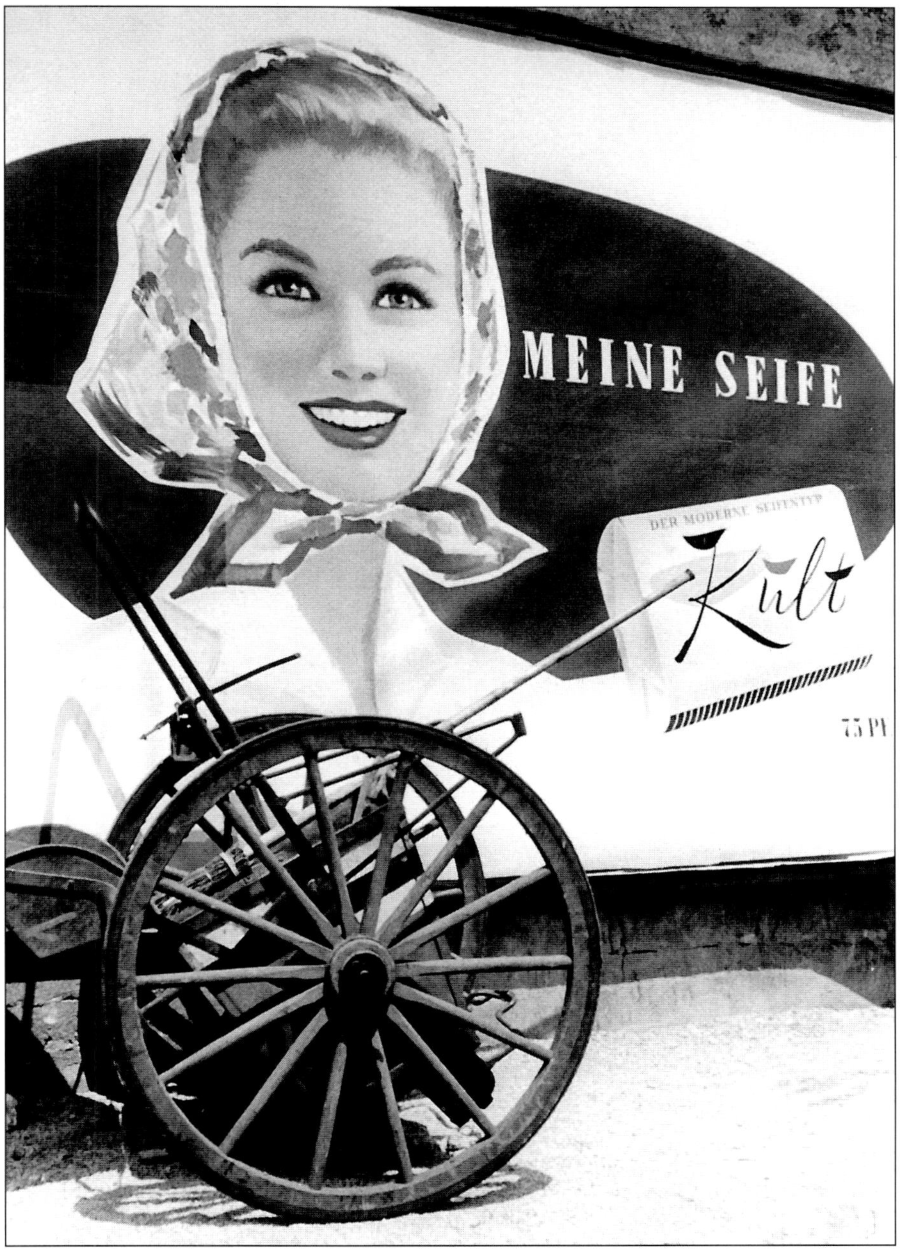

▶ Werbung für Sauberkeit in doppelter Hinsicht.

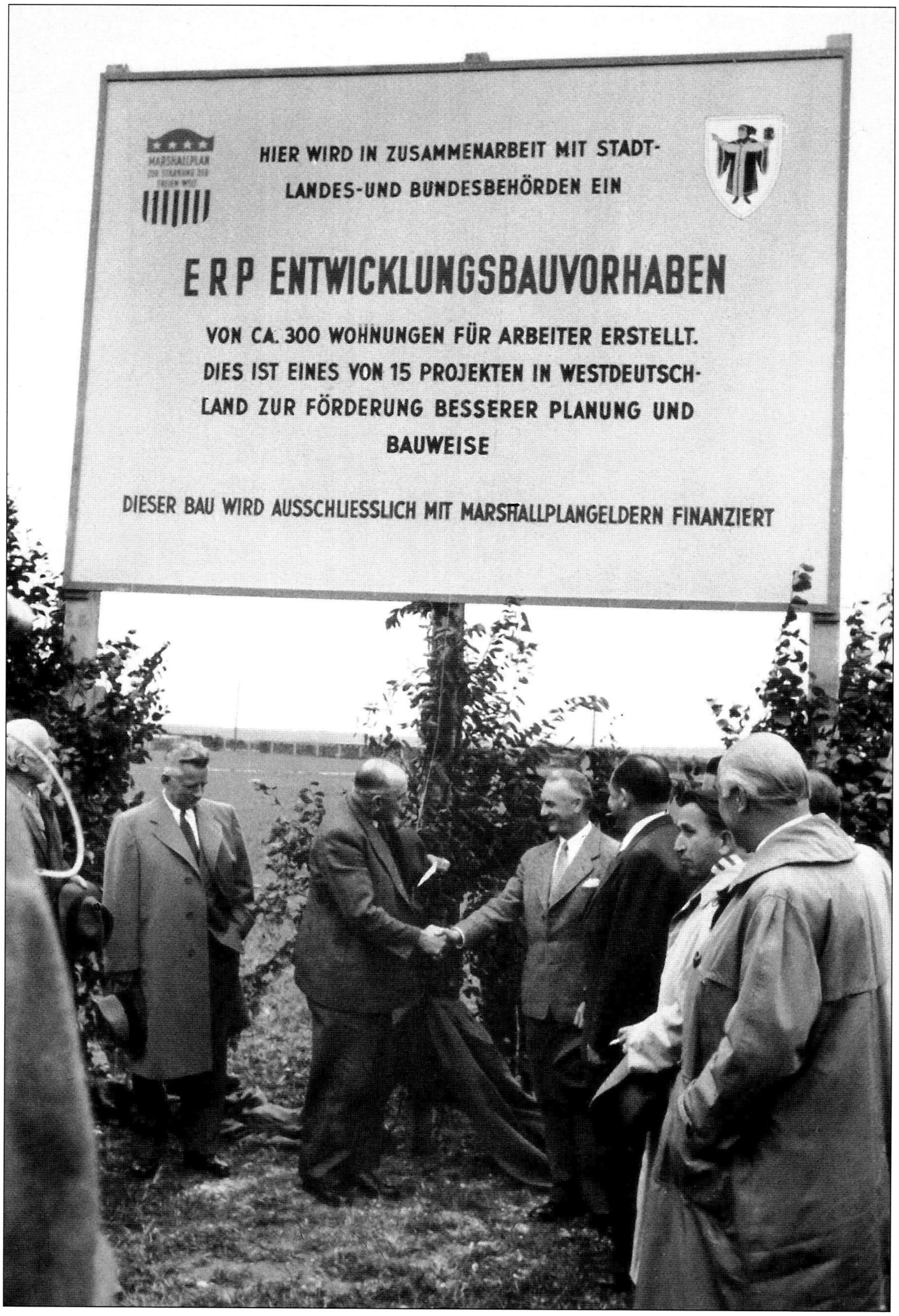

Nach der Währungsreform 1948 kam das Wirtschaftsleben in Schwung. Eine nicht unerhebliche Rolle spielten dabei amerikanische Finanzhilfen, die im Rahmen des Marshallplanes gewährt wurden. Die Amerikaner, die in den Zeiten des Kalten Krieges großes Interesse an stabilen Verhältnissen in Westeuropa hatten, bezeichneten ihre Unterstützungsmaßnahmen auch als European Recovery Program, kurz ERP. Oberbürgermeister Thomas Wimmer bei der Enthüllung einer Bautafel für ein im Rahmen dieser Maßnahmen durchgeführtes Wohnungsbauprojekt in Milbertshofen, September 1951.

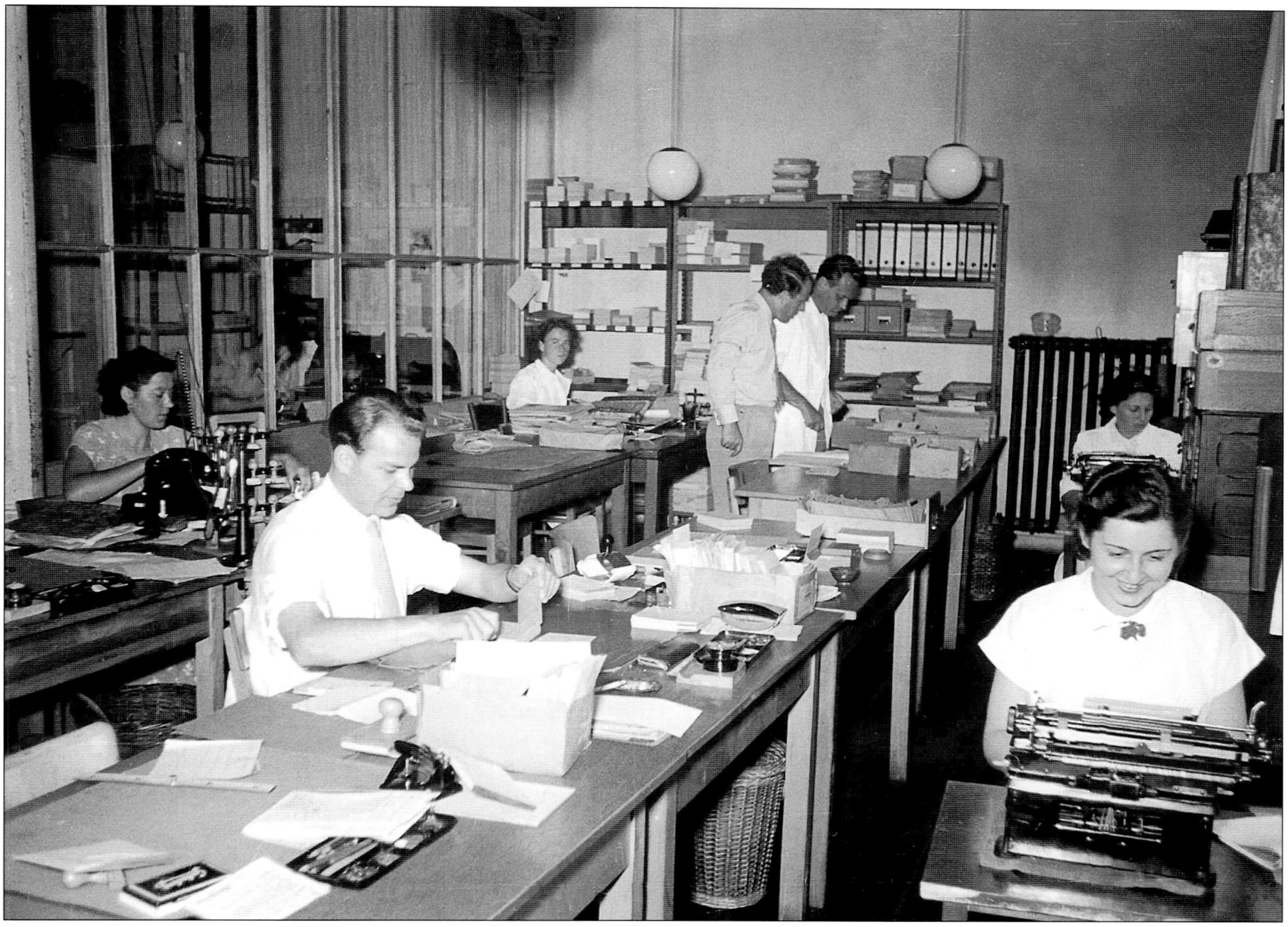

▲▶ Arbeitsalltag in einem Münchner Büro …

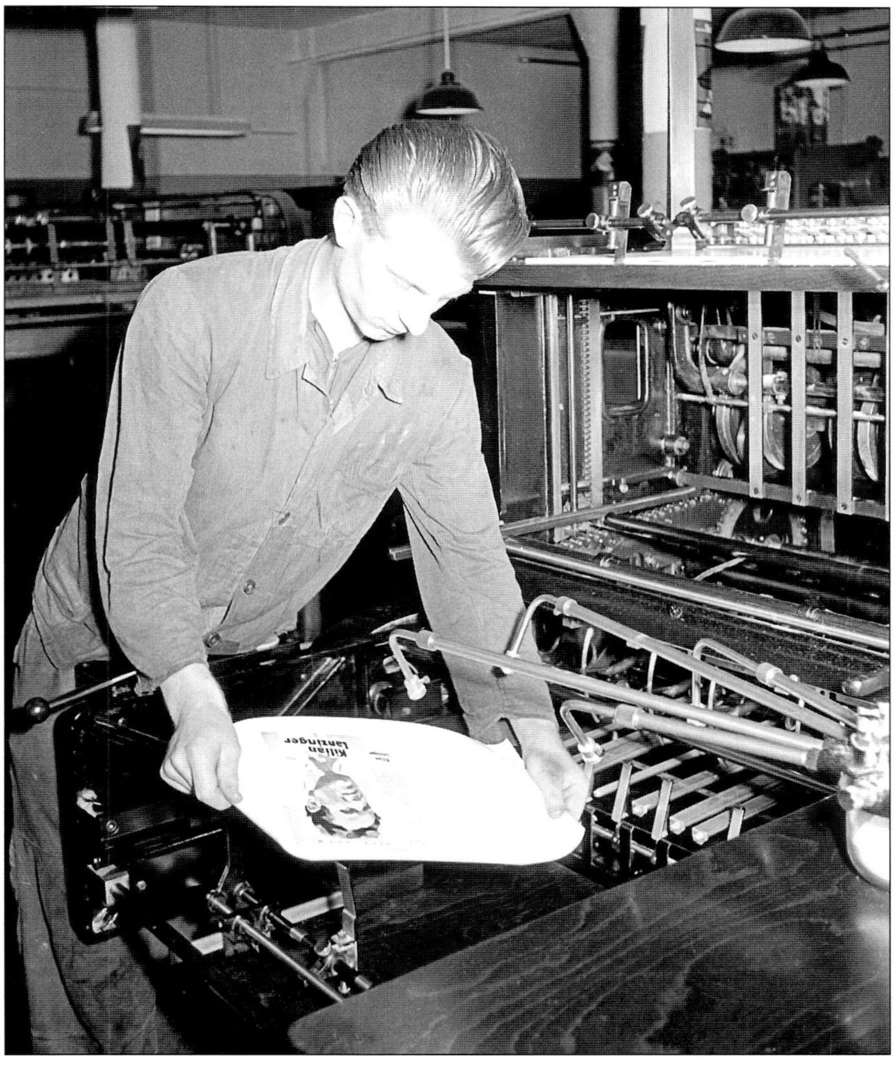

… und in einer Druckerei.

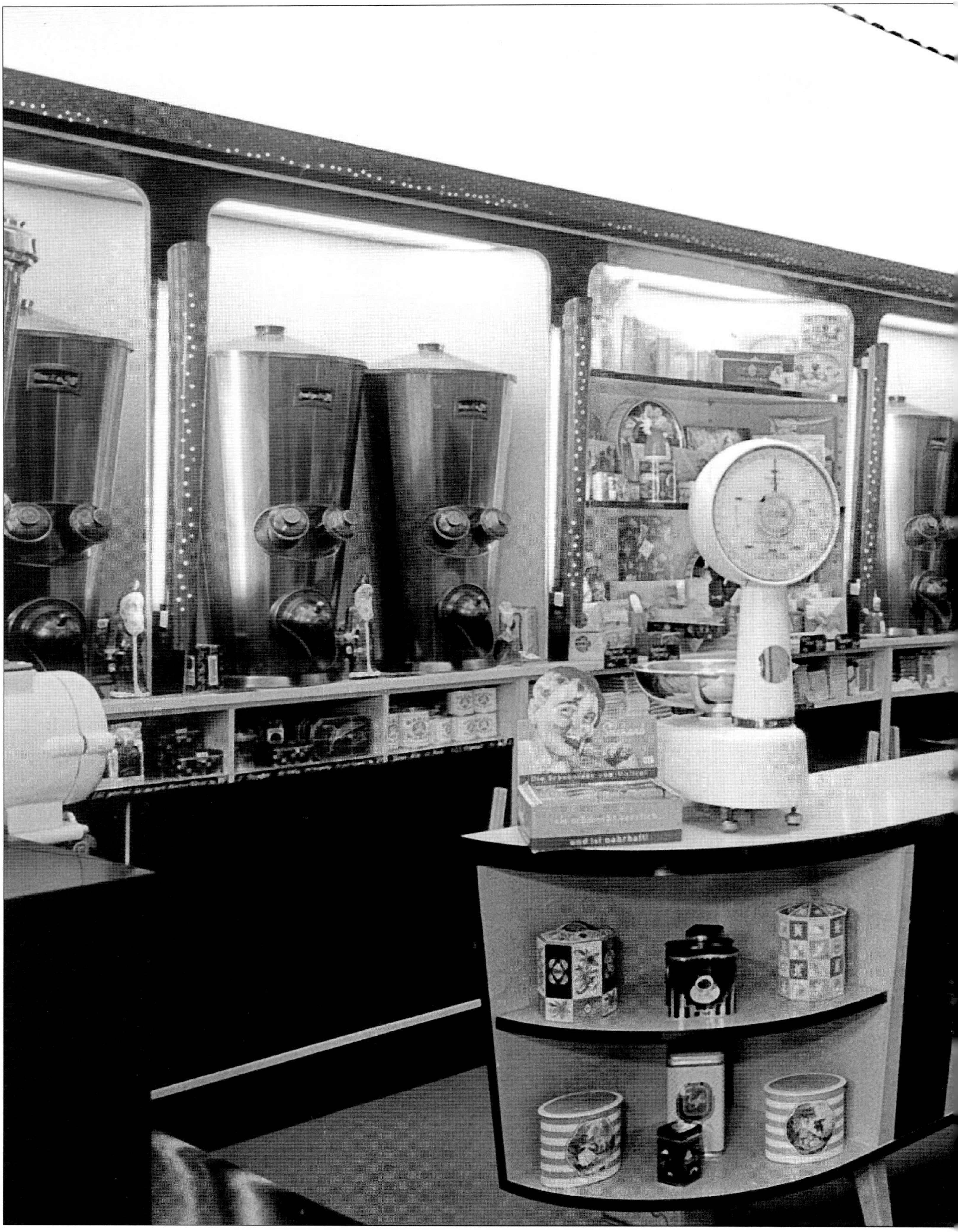

▲ Kaffee, Tee und Spirituosen gehörten in den fünziger Jahren nicht mehr zur Mangelware; Delikatessengeschäfte boten sie in großer Auswahl an.

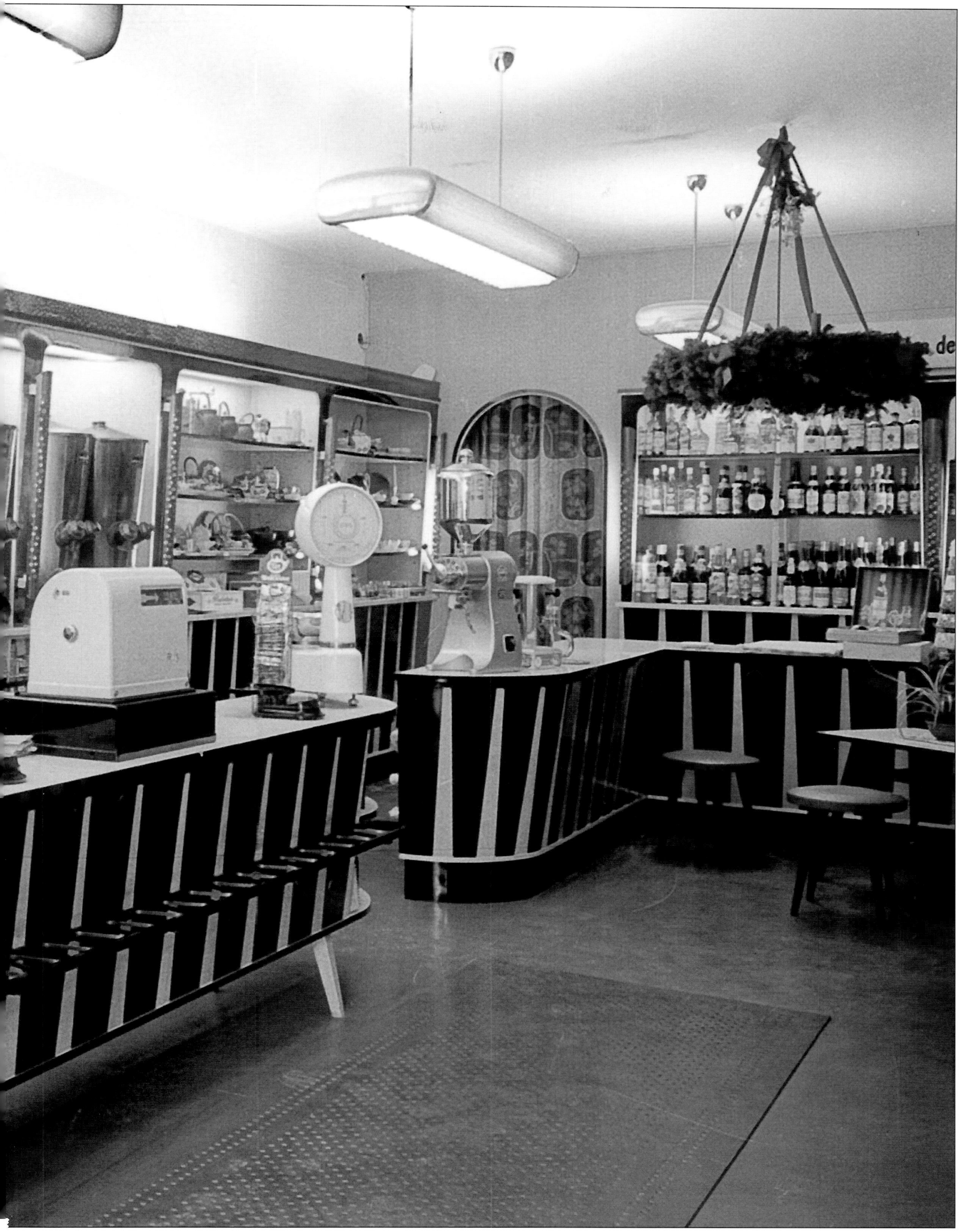

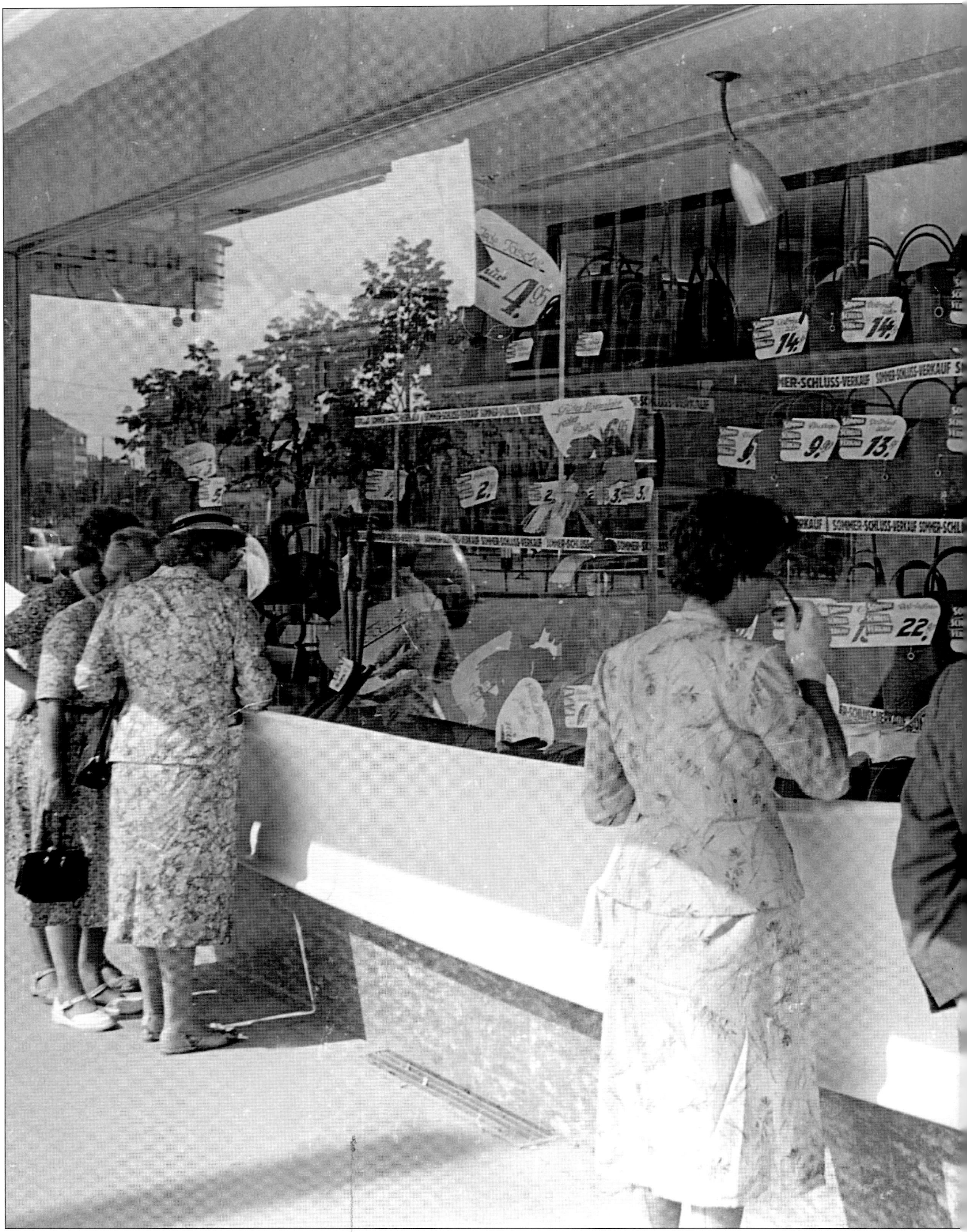

▲Kritische Begutachtung und Preisprüfung vor dem Schaufenster eines Lederwarengeschäftes.

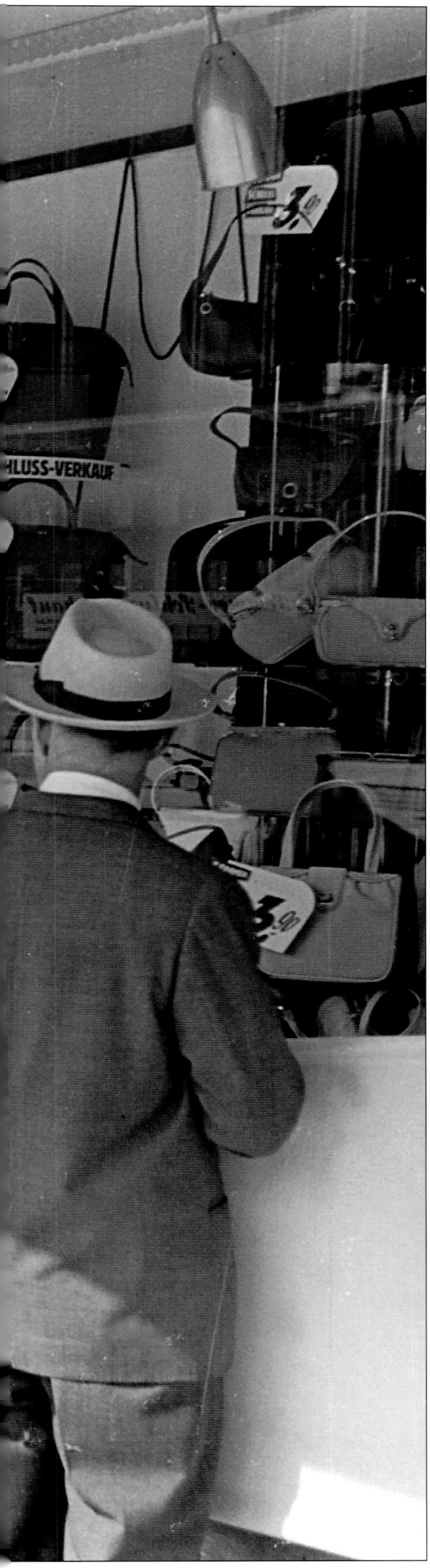

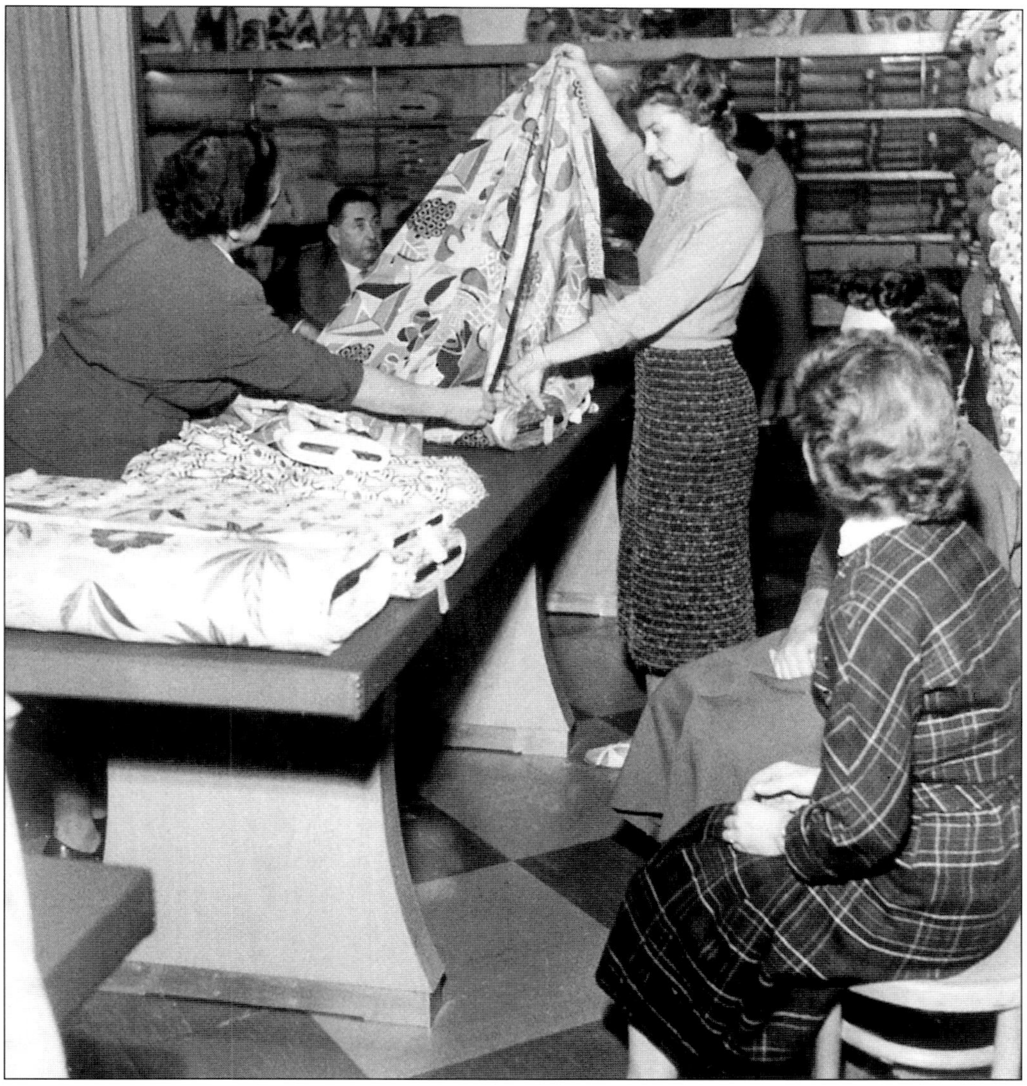

▲Bunt bedruckte Stoffe für die noch vielfach selbst schneidernde Frau.

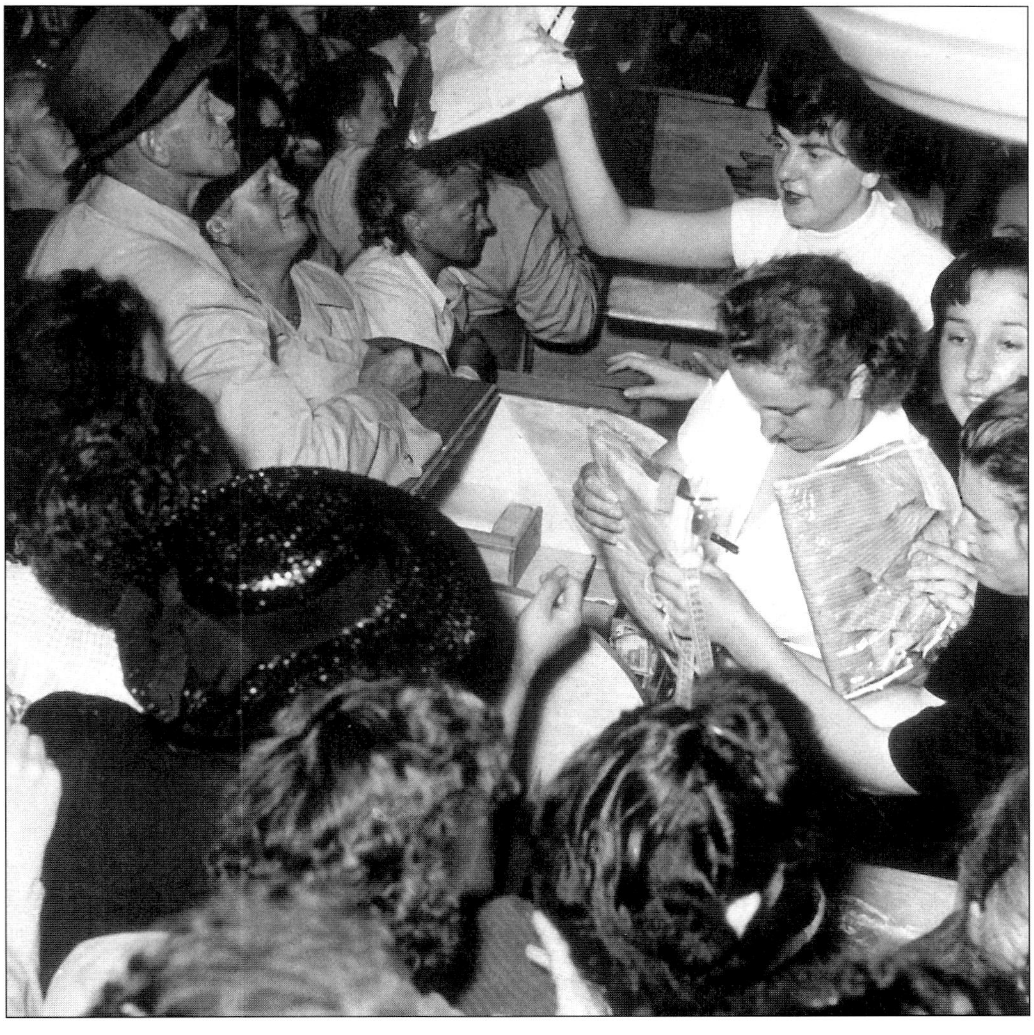

▶Großer Andrang beim Sommer-Schluss-Verkauf 1953.

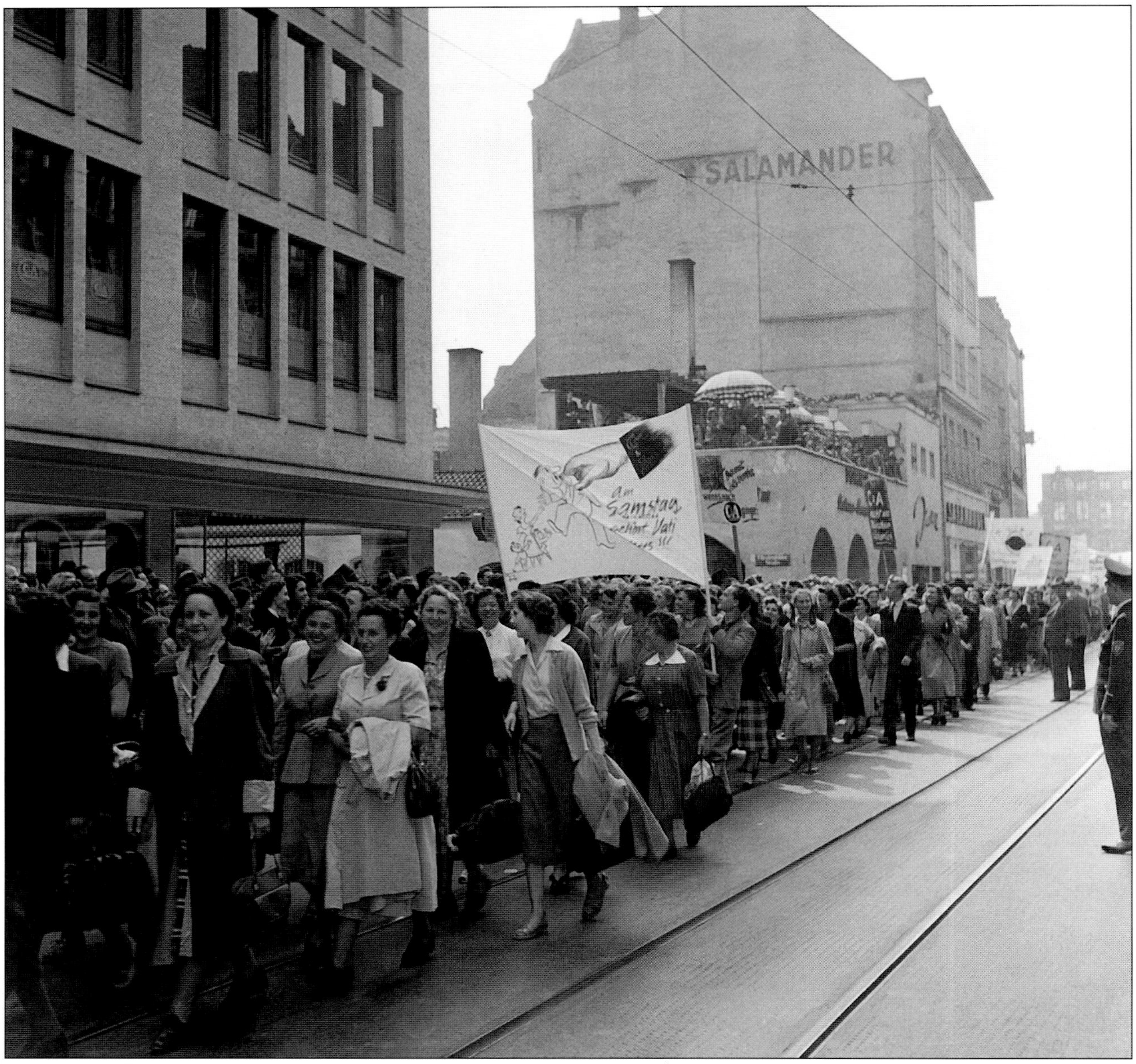

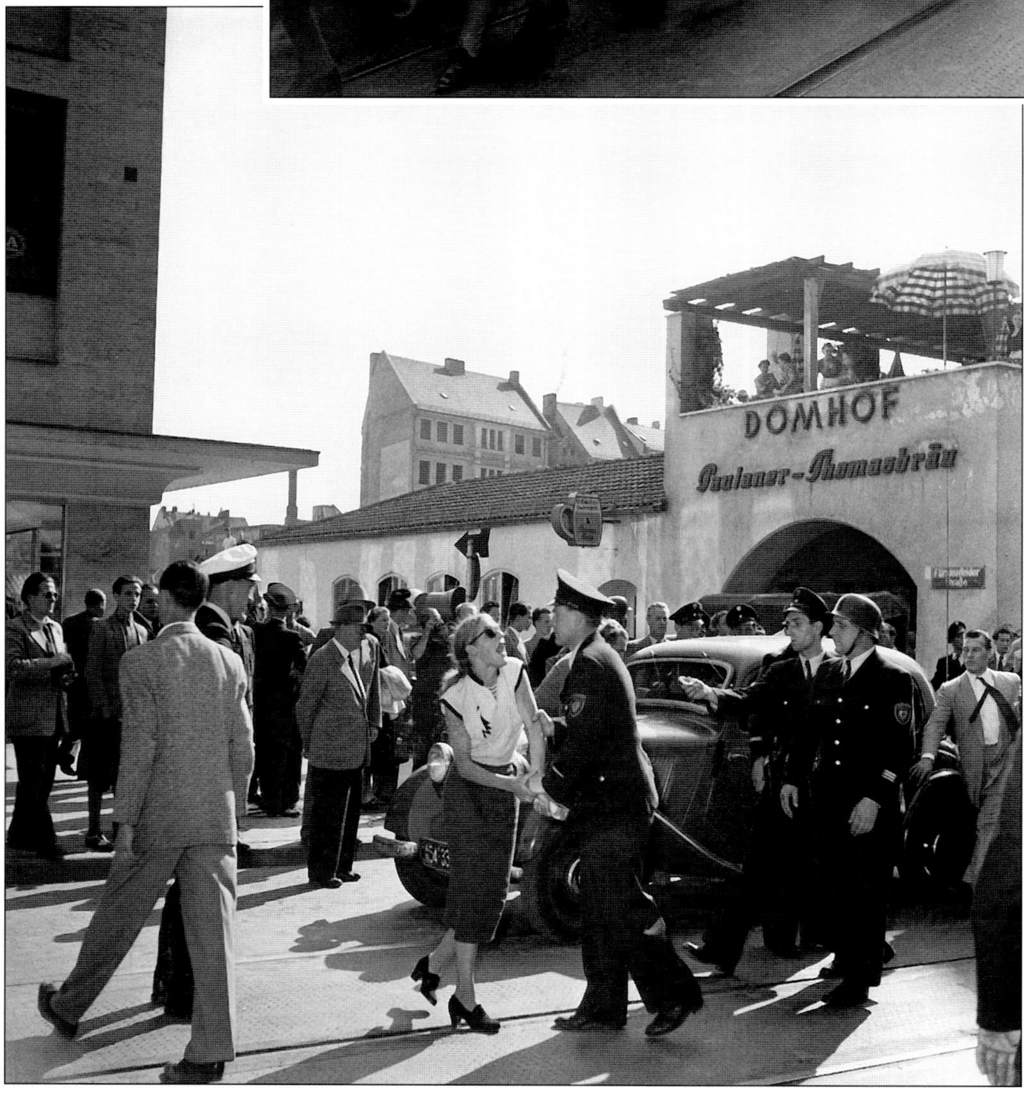

◀▲▶ Demonstrationen und Auseinandersetzungen in der Neuhauser/Kaufingerstraße um die Ladenschlusszeit am Samstagnachmittag im Juni 1953. Einzelhandelsangestellte protestierten gegen Firmen und Geschäftsinhaber, die im Zuge des anhaltenden Wirtschaftswachstums ihre Läden samstags generell bis 17 Uhr offenhalten wollten. Die Polizei setzte Wasserwerfer ein.

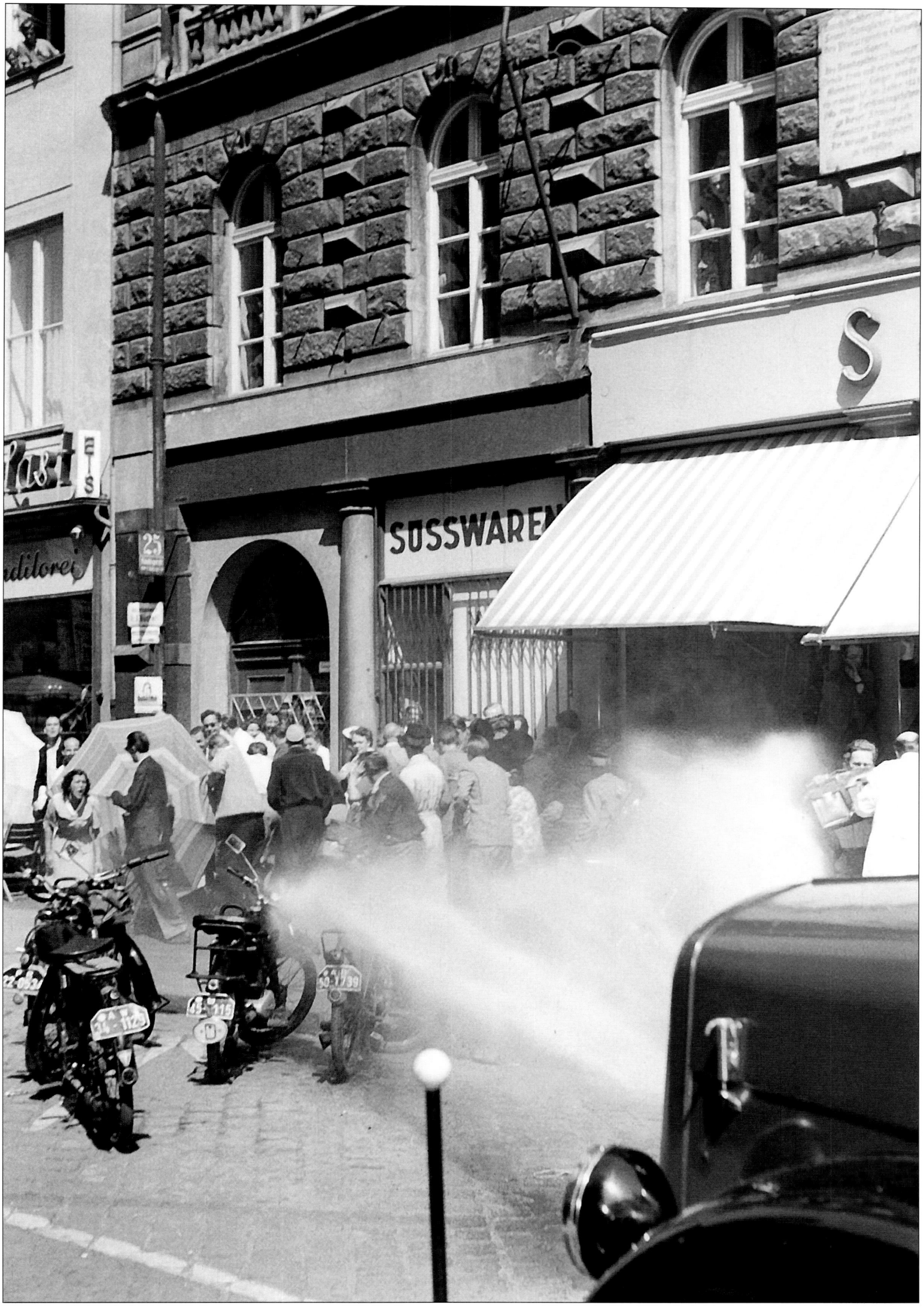
SÜSSWAREN
EIS
S

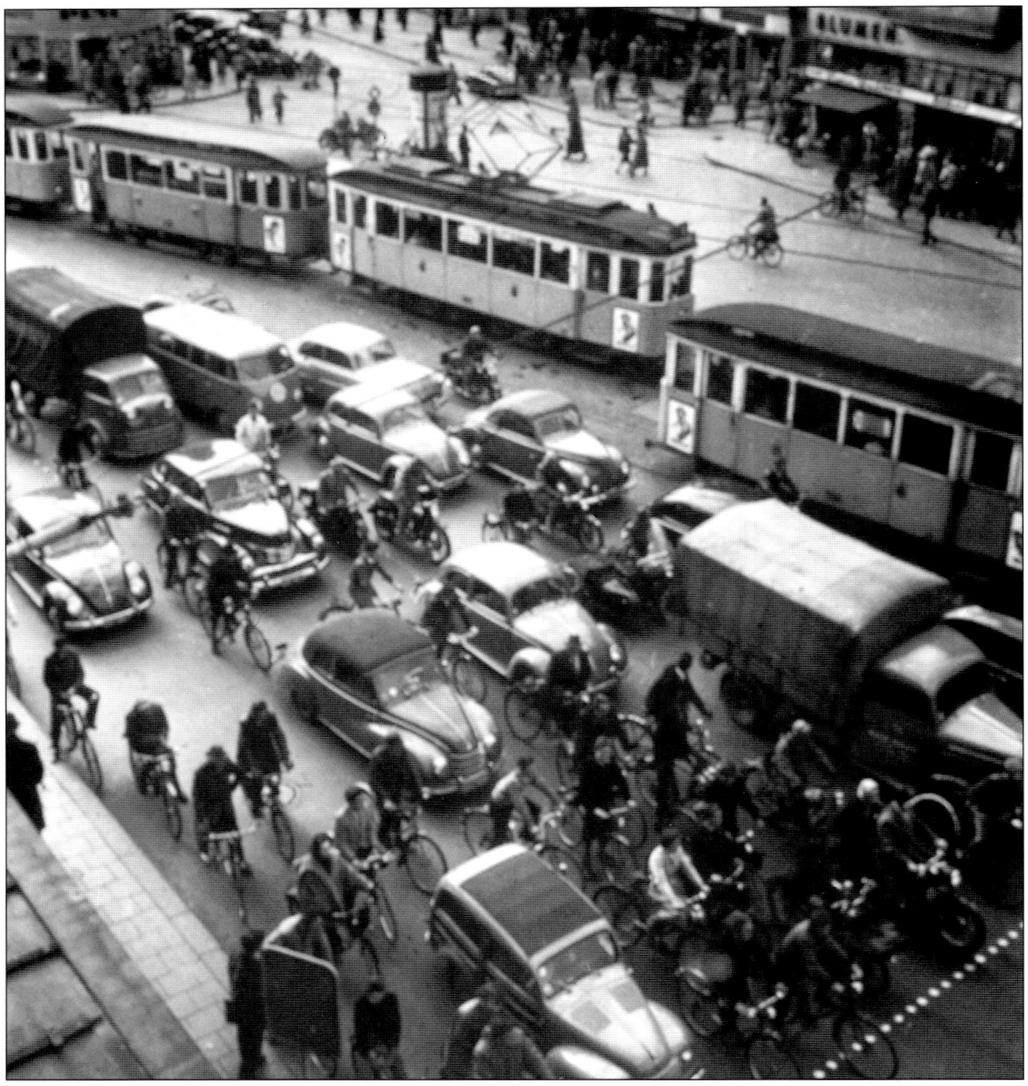

◄In den Wirtschaftswunderjahren stieg die Zahl der zugelassenen Kraftfahrzeuge kontinuierlich. Da die während der NS-Zeit gebauten Autobahnen noch nicht durch entsprechende Ringstraßen untereinander verbunden waren, mussten auch die Durchreisenden das Stadtzentrum passieren. Der Karlsplatz, in München besser bekannt als Stachus, gehörte zeitweise zu den verkehrsreichsten Plätzen Europas. Die Aufnahme entstand vor 1955.

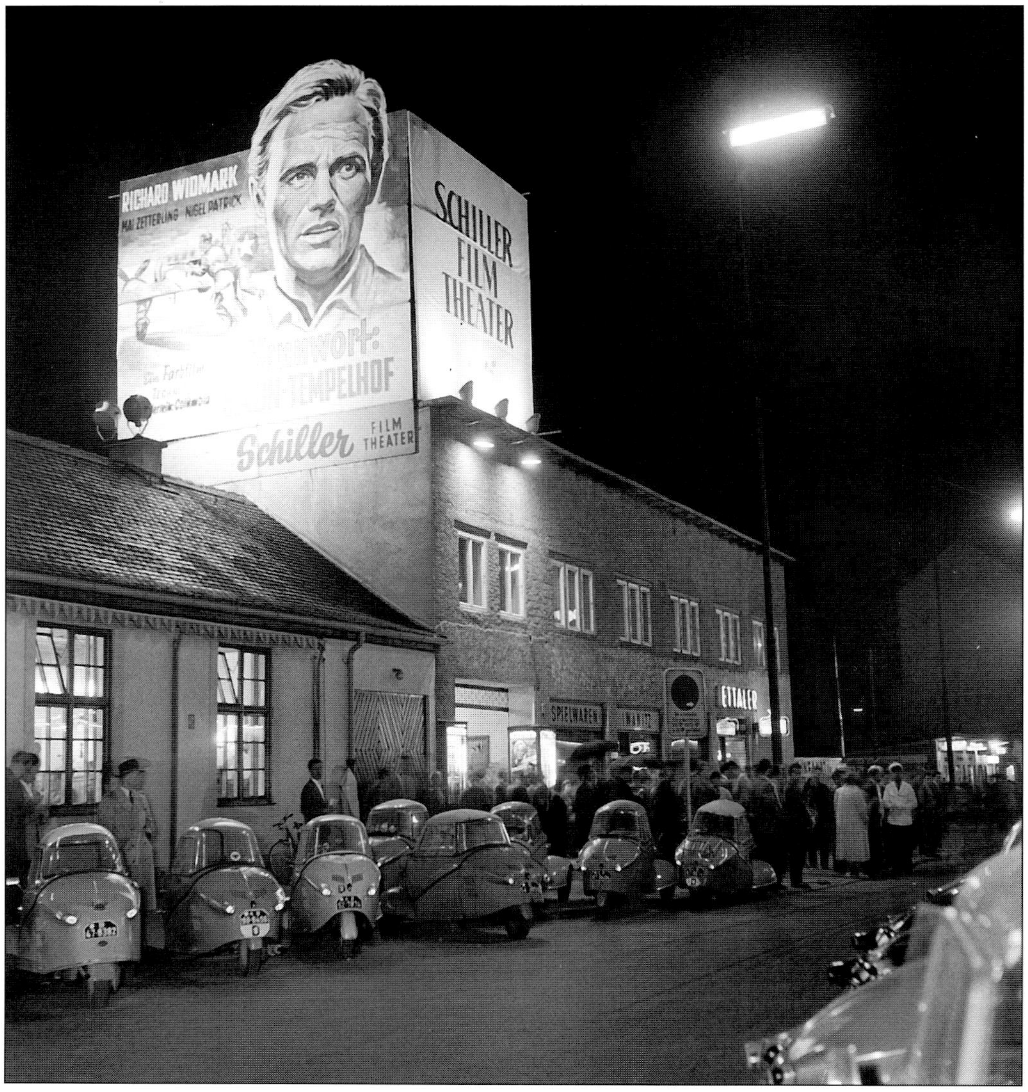

◄Besonders kleine Wägen wurden für den Stadtverkehr entwickelt und gebaut. Die Besitzer der beliebten Modelle fanden sich oft in eigens gegründeten Vereinen und zu gemeinsamen Unternehmungen zusammen. Hier eine Ansammlung von Messerschmitt-Kabinenrollern vor einem Münchner Kino, August 1955.

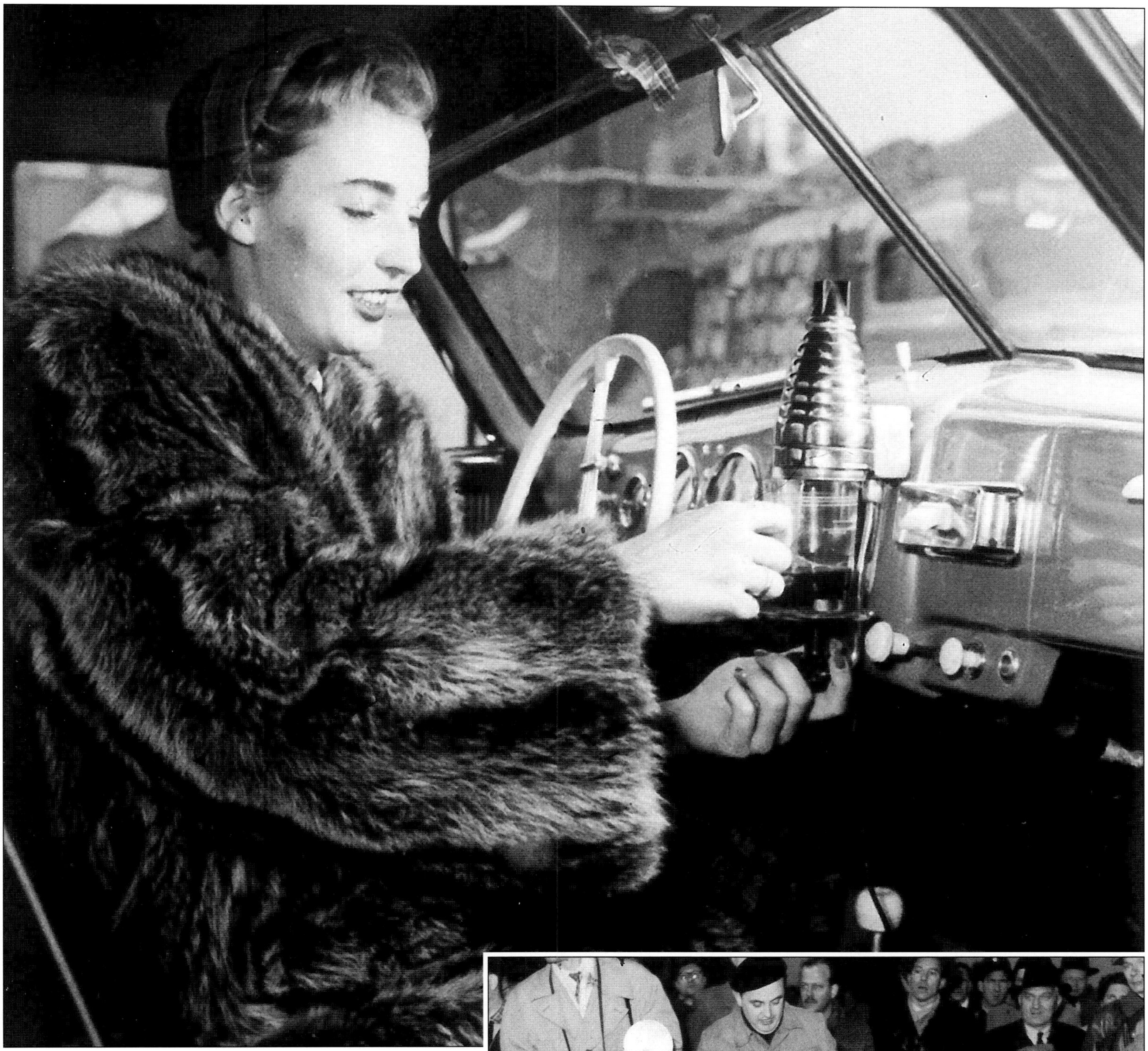

▲ Für die an Luxus gewöhnte Dame eine Kaffeemaschine im Auto, 1952.

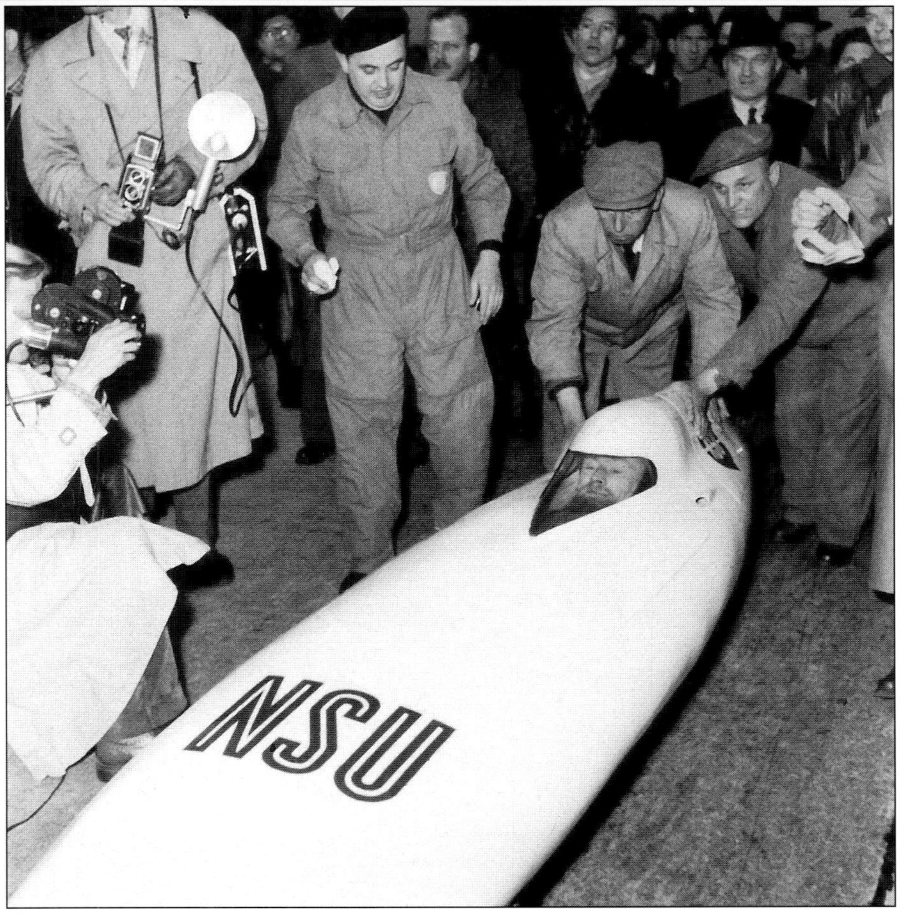

▶ Rekordversuch mit einem neuentwickelten, extrem windschnittigen NSU-Motorrad auf der Autobahn bei Freimann, April 1954. Mit einer 110-ccm-Maschine erreichte der Fahrer die damals sagenhafte Geschwindigkeit von 179 km/h.

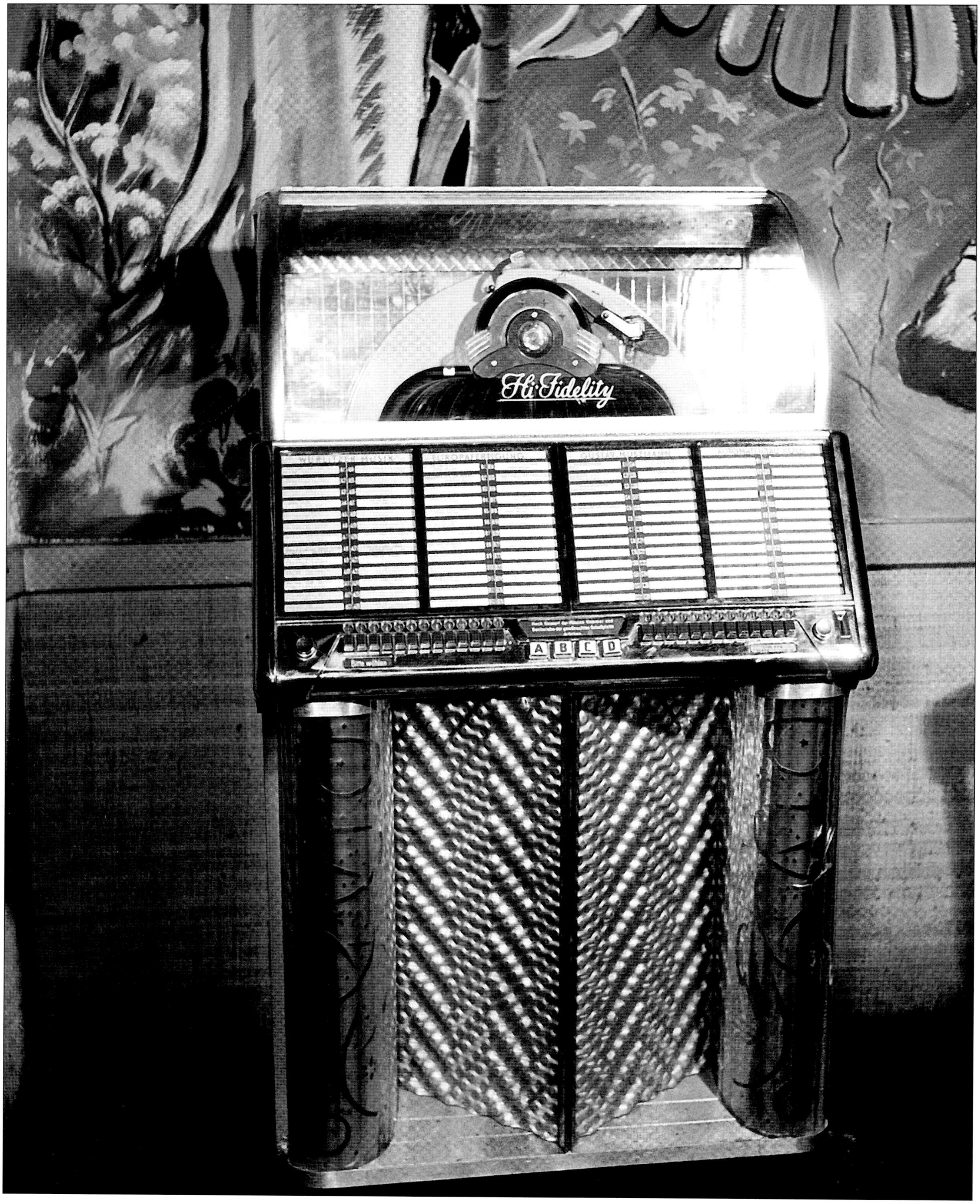

Aufbruch ins Vergnügen

▲ Eine Jukebox durfte in keinem Lokal, das mit jugendlichen Besuchern rechnete, fehlen.

▶ Im Deutschen Theater eröffneten der damalige Münchner Stadtschulrat Anton Fingerle und der Jugendamtsleiter Kurt Seelmann im Juli 1959 ein Tanz-Café speziell für junge Leute.

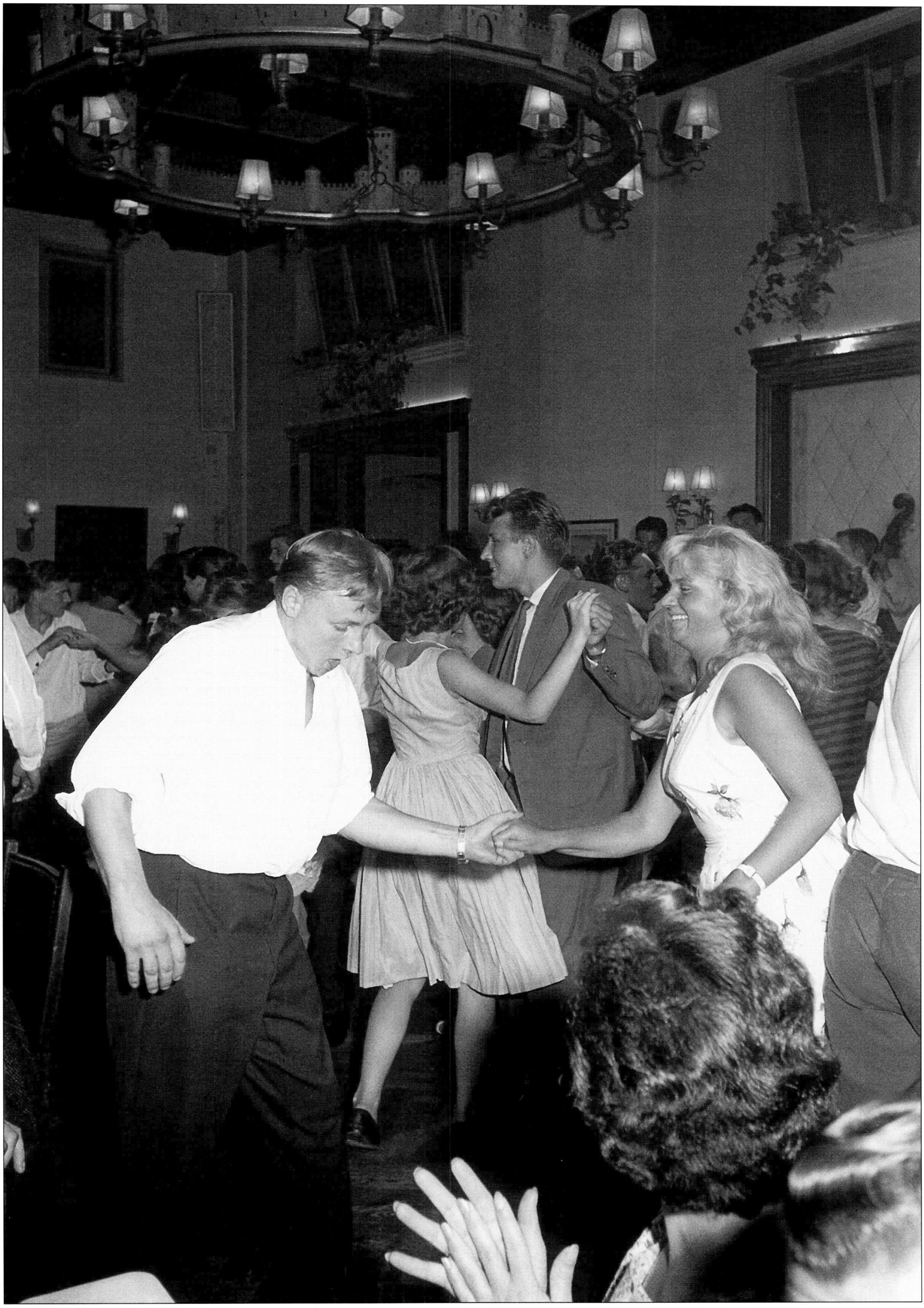

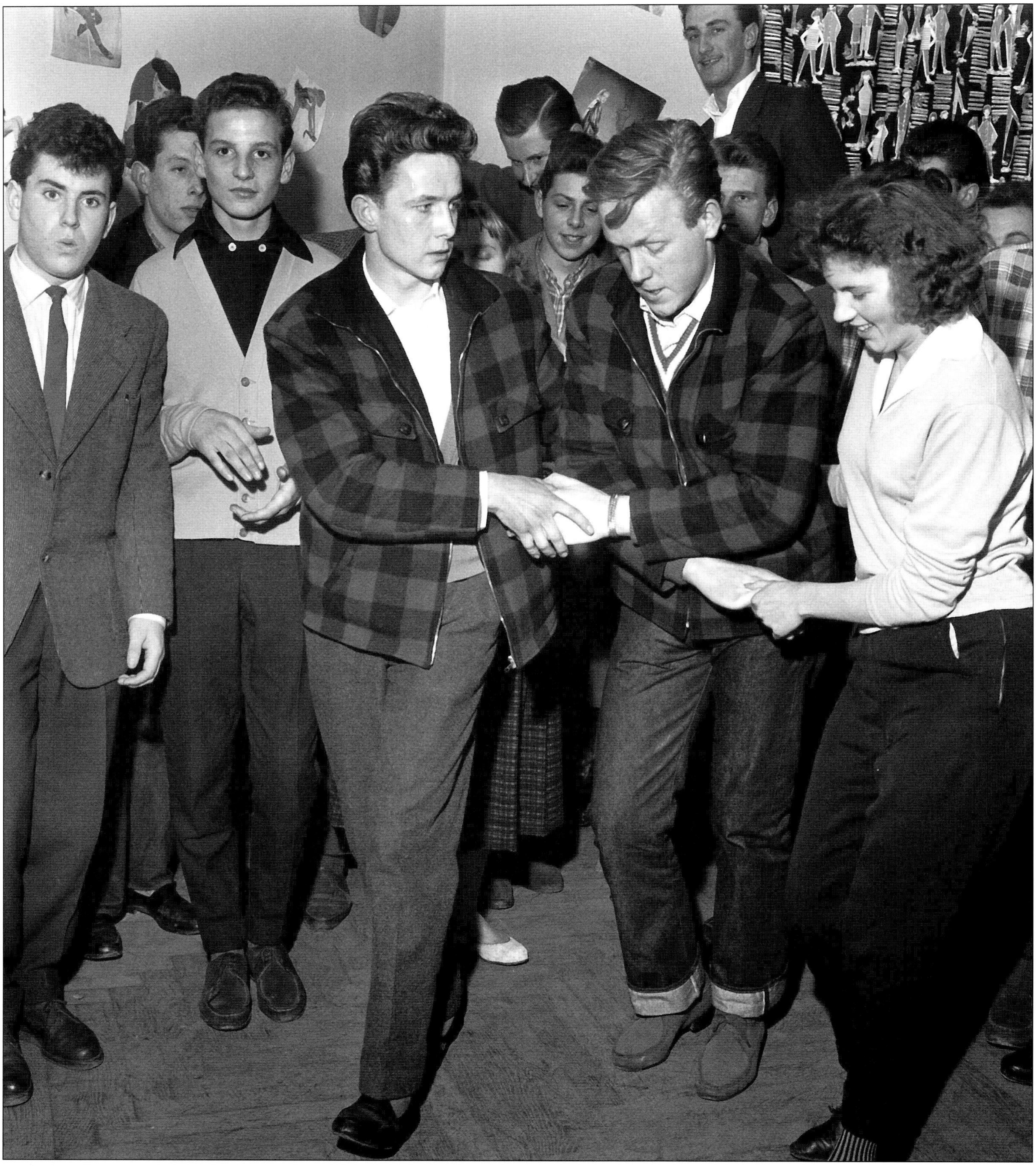

Noch einmal von öffentlicher Hand geförderte Jugendunterhaltung: Eröffnung eines Jugend-Clubs in den Räumen der Bezirksinspektion München-Solln, Februar 1957.

▶Nach den langen Jahren der Entbehrungen waren es gerade die Jugendlichen, die Vergnügen und Unterhaltung suchten. Viele Lokale, besonders in Schwabing, stellten sich auf diese Gäste ein. Im Dezember 1953 eröffnete der Tabu-Existenzialistenkeller mit einer Tanzvorführung zu Bebop-Rock, einem neu entwickelten Jazzstil.

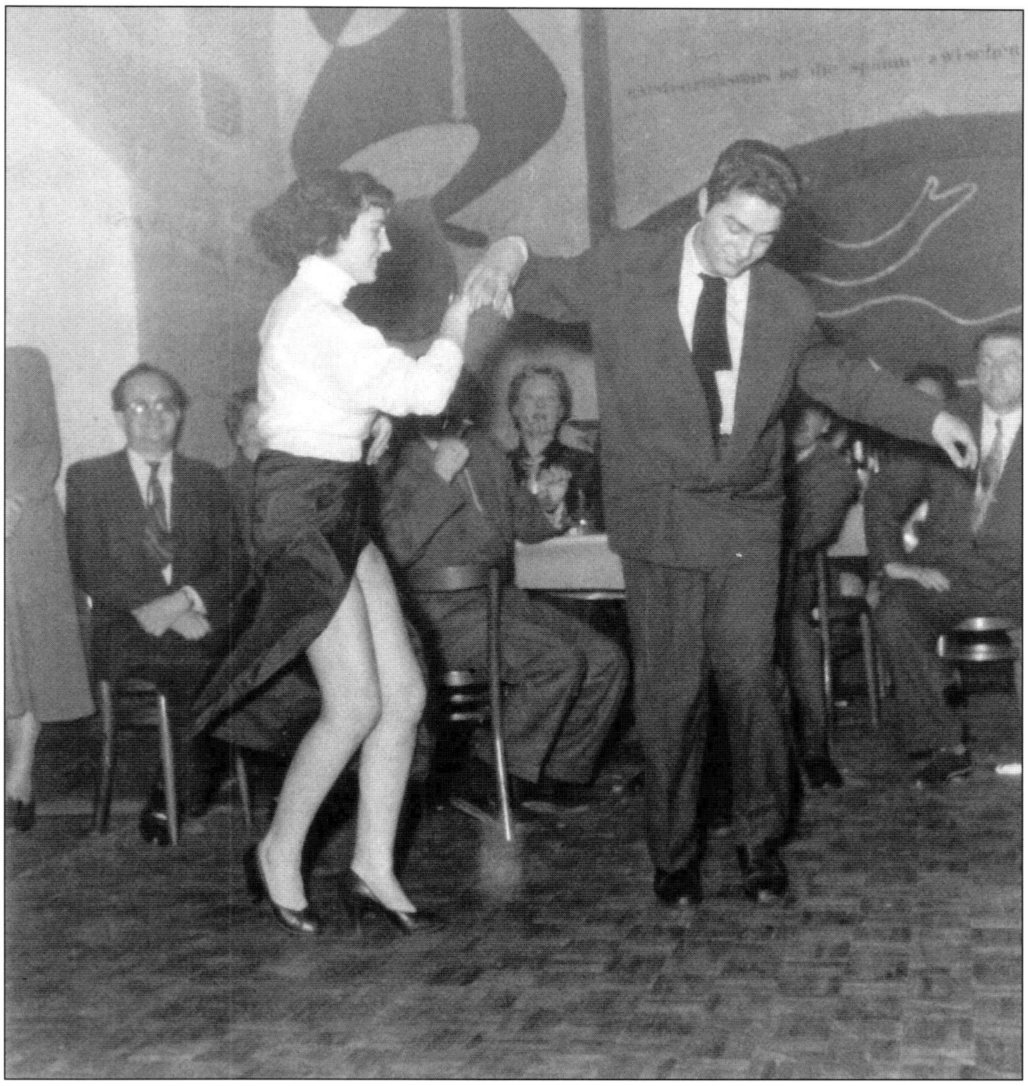

▶Zu den neuen Modetänzen gehörte auch der Jitterbug. Tanzkurse für Jitterbug konnte man beispielsweise bei der „Münchner Jazzvereinigung" in der Giesinger Bergstube belegen; hier eine Aufnahme vom Juli 1953.

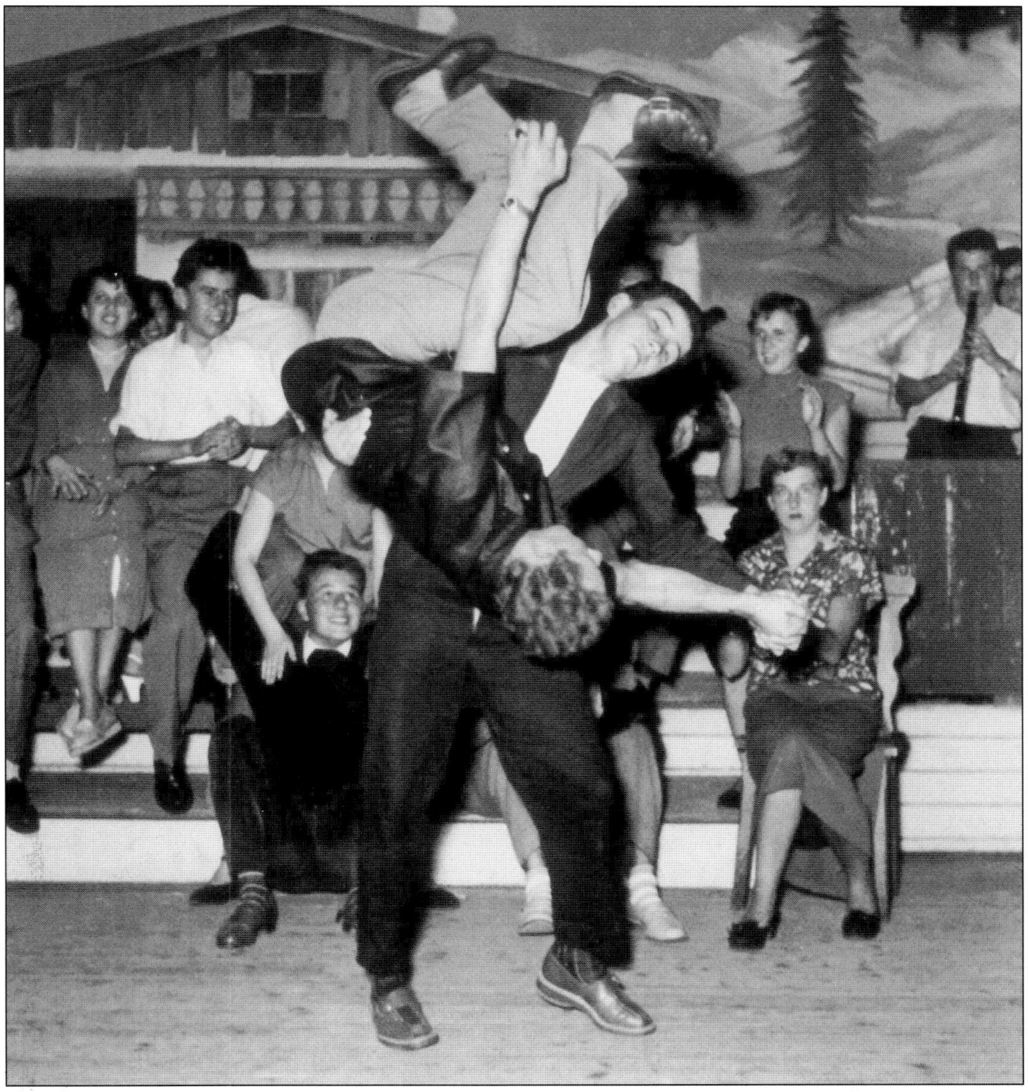

▶ Tanzvergnügen in dem Schwabinger Lokal Arche Noah, Mai 1953.

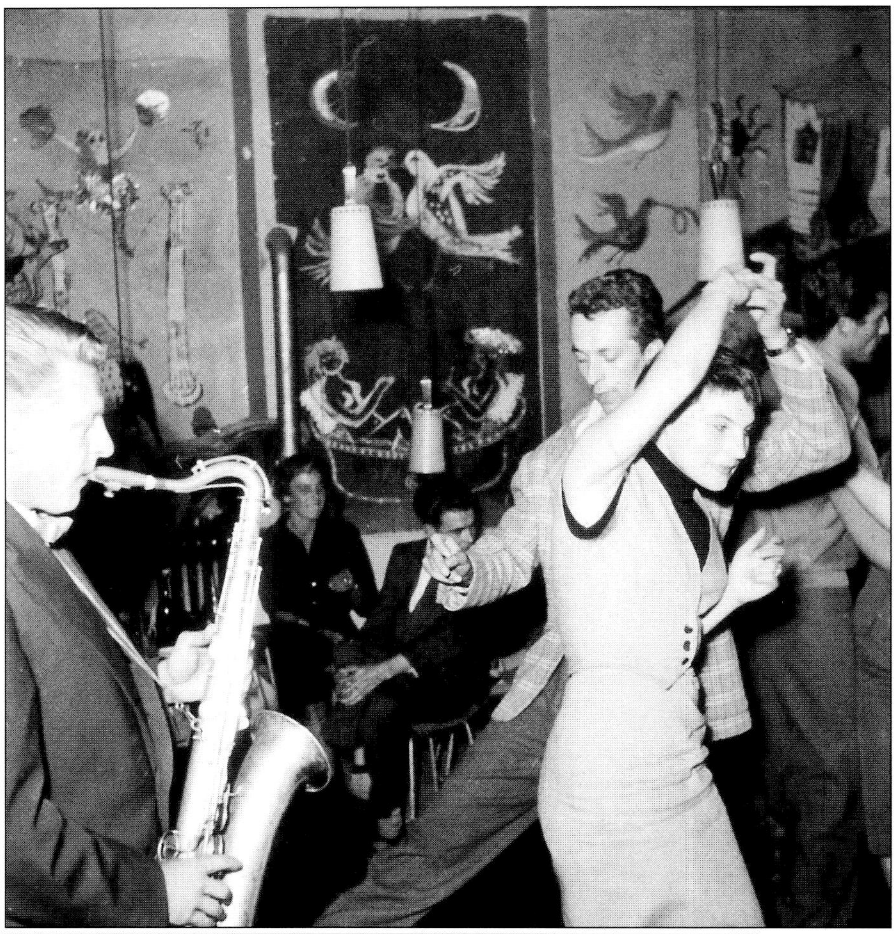

▼▶▶ Ein Jitterbug-Turnier im Juni 1953 im Münchner Salvatorkeller.

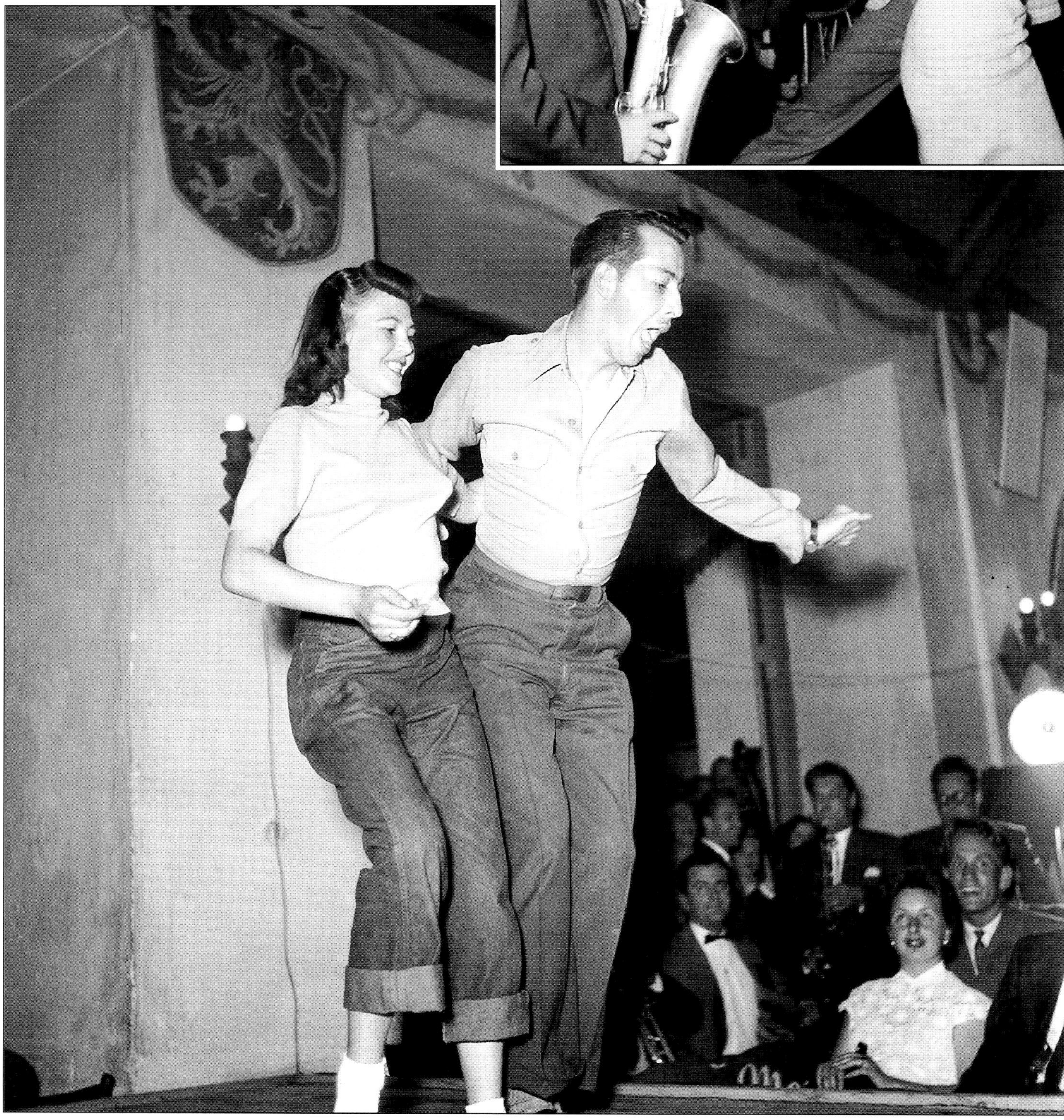

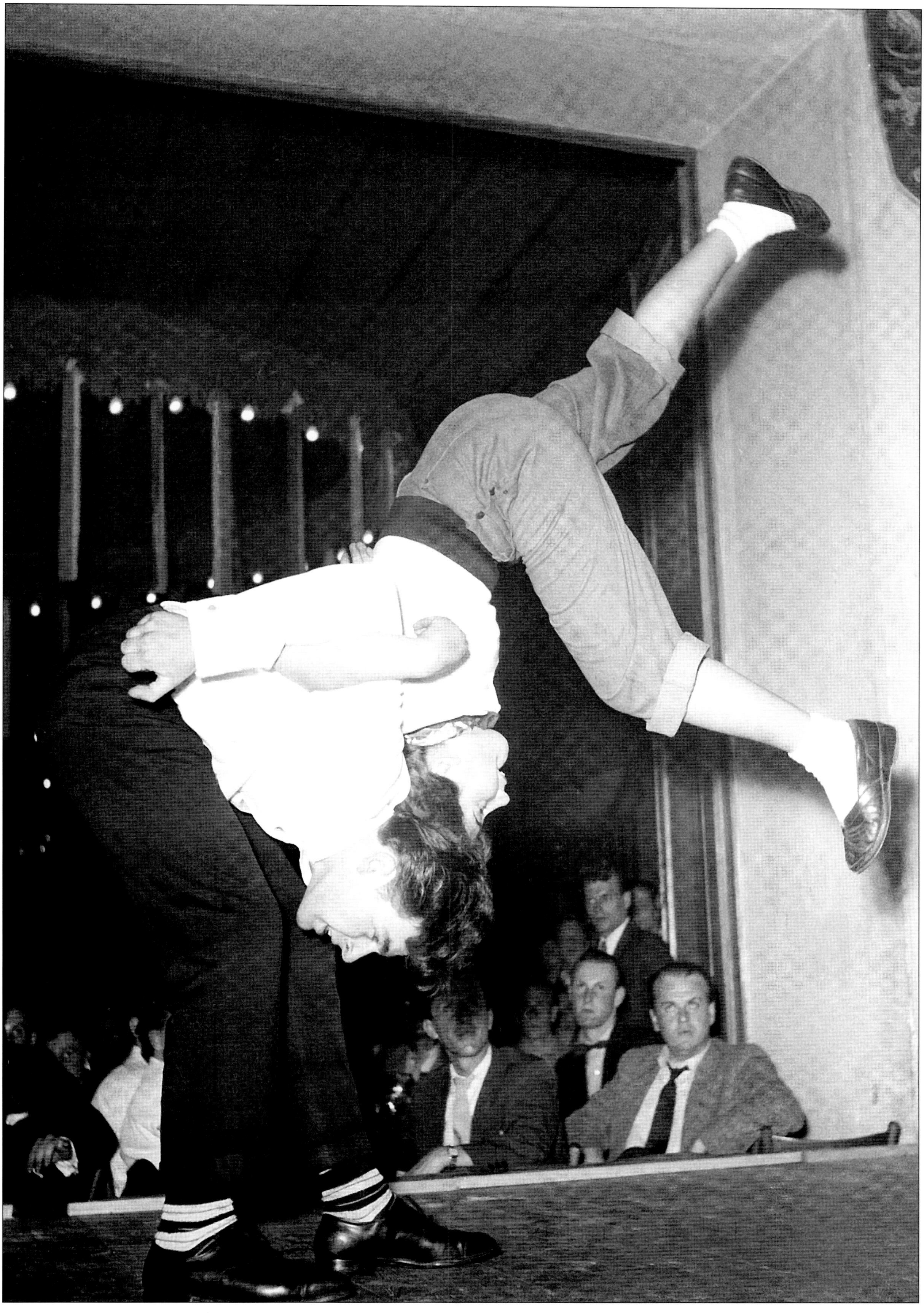

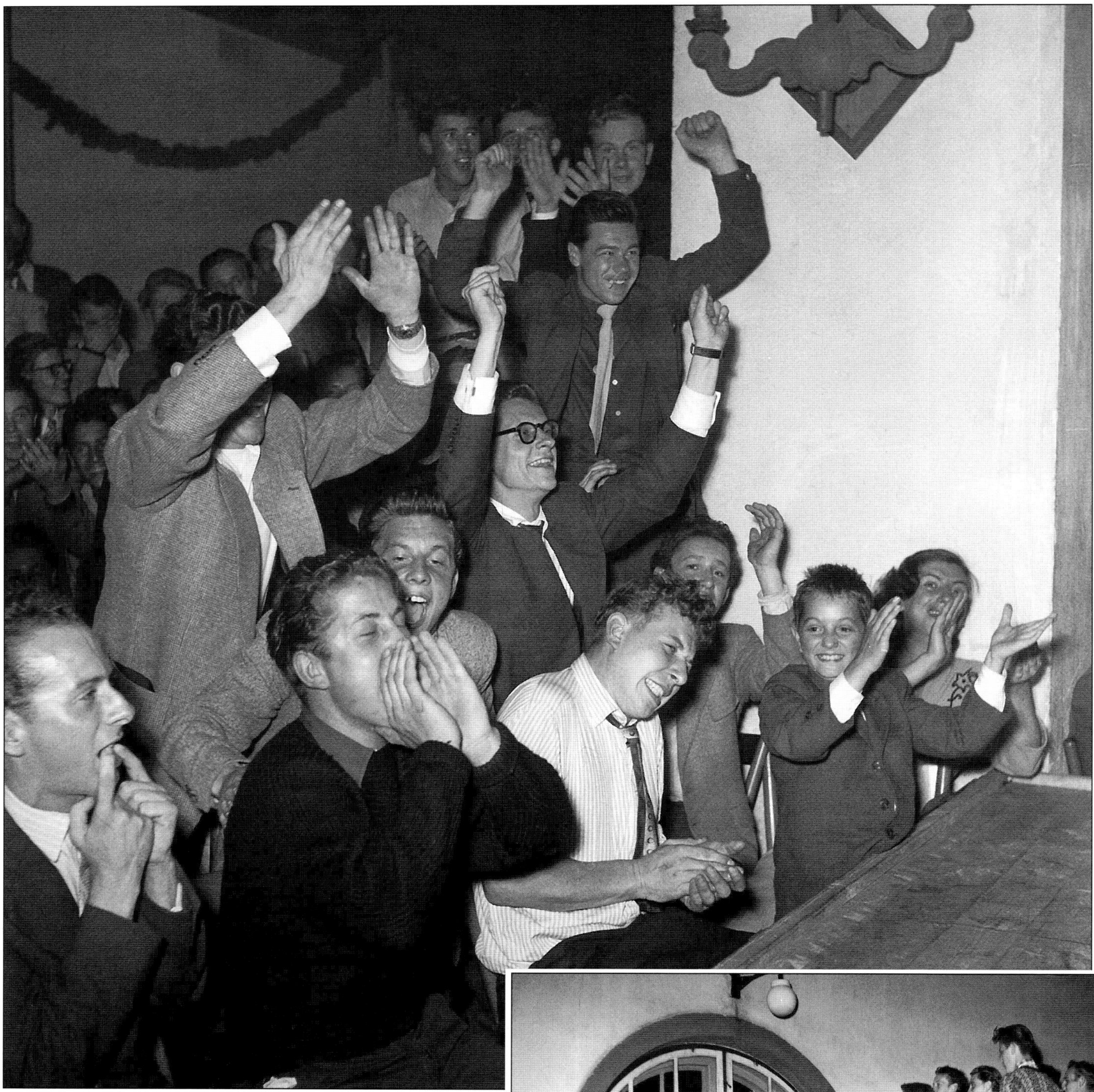

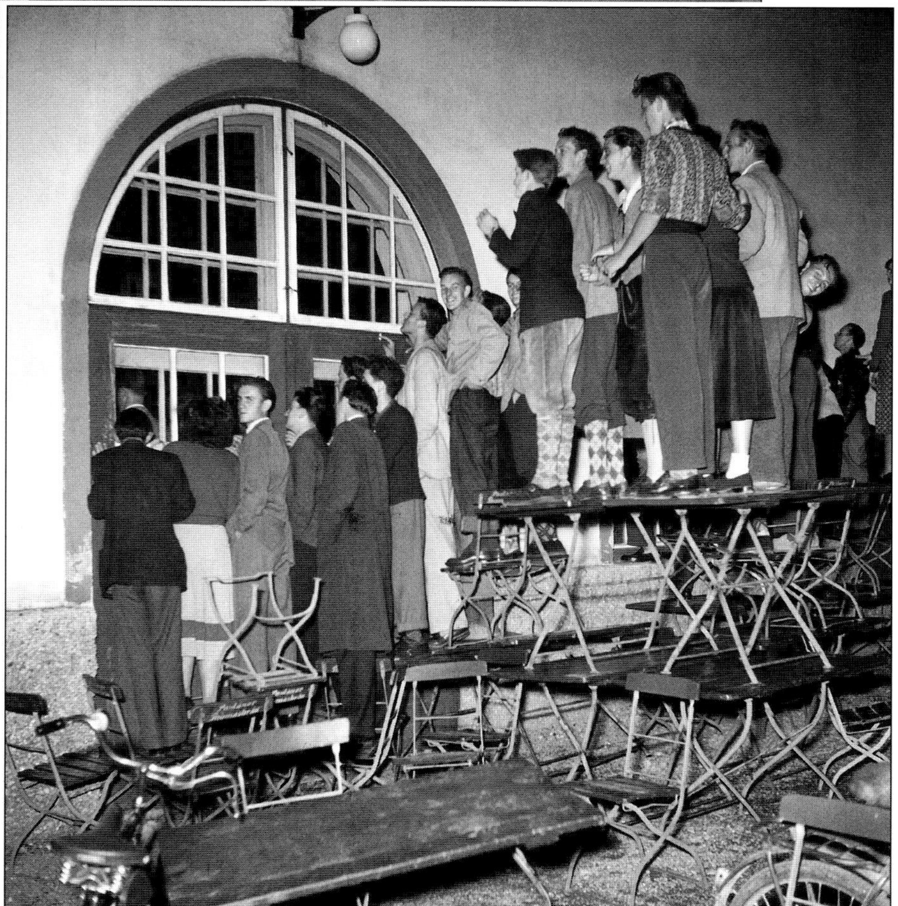

▲►Begeisterte Zuschauer des Jitterbug-Turniers und Zaungäste, die keine Eintrittskarten mehr bekommen hatten.

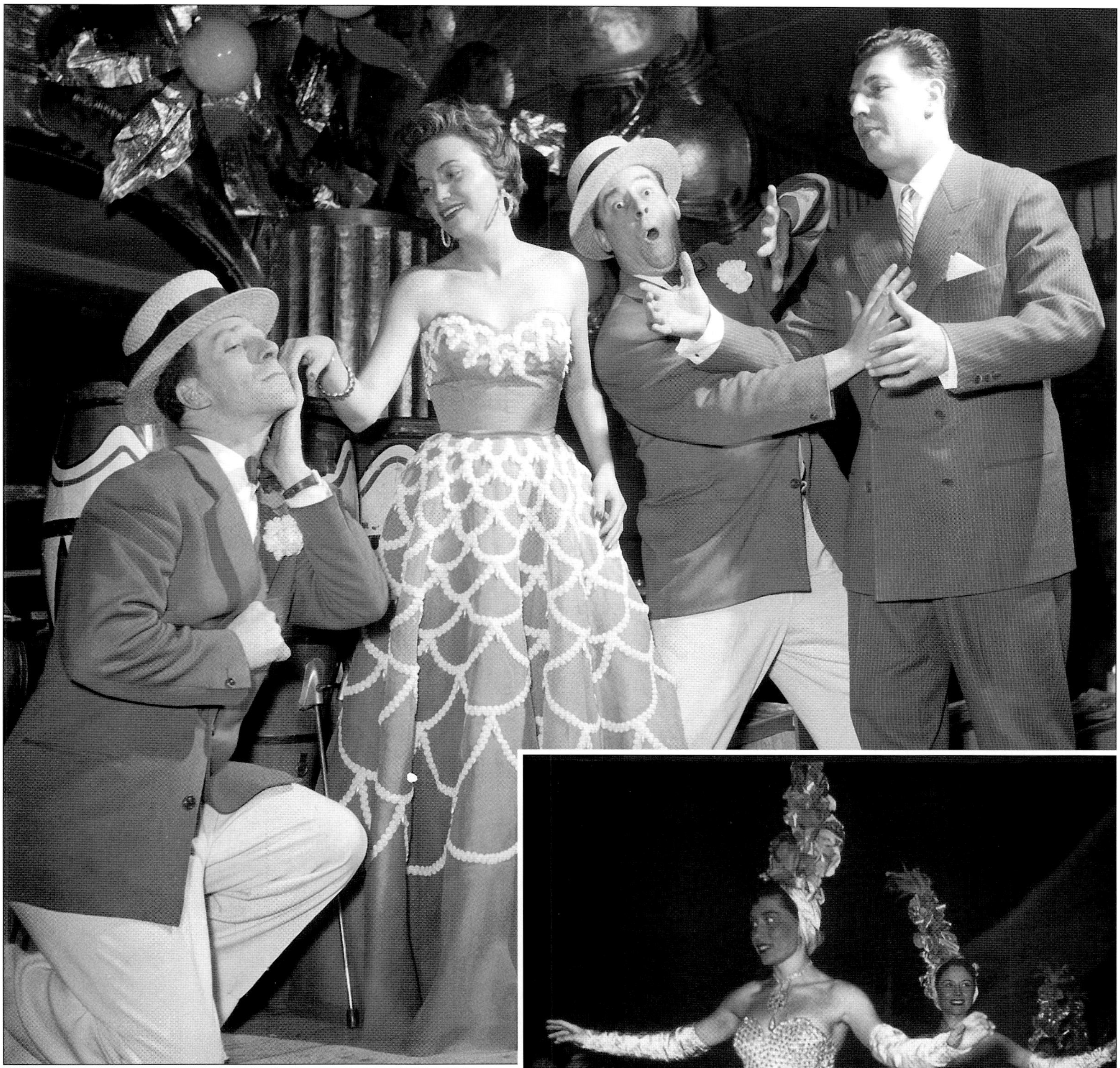

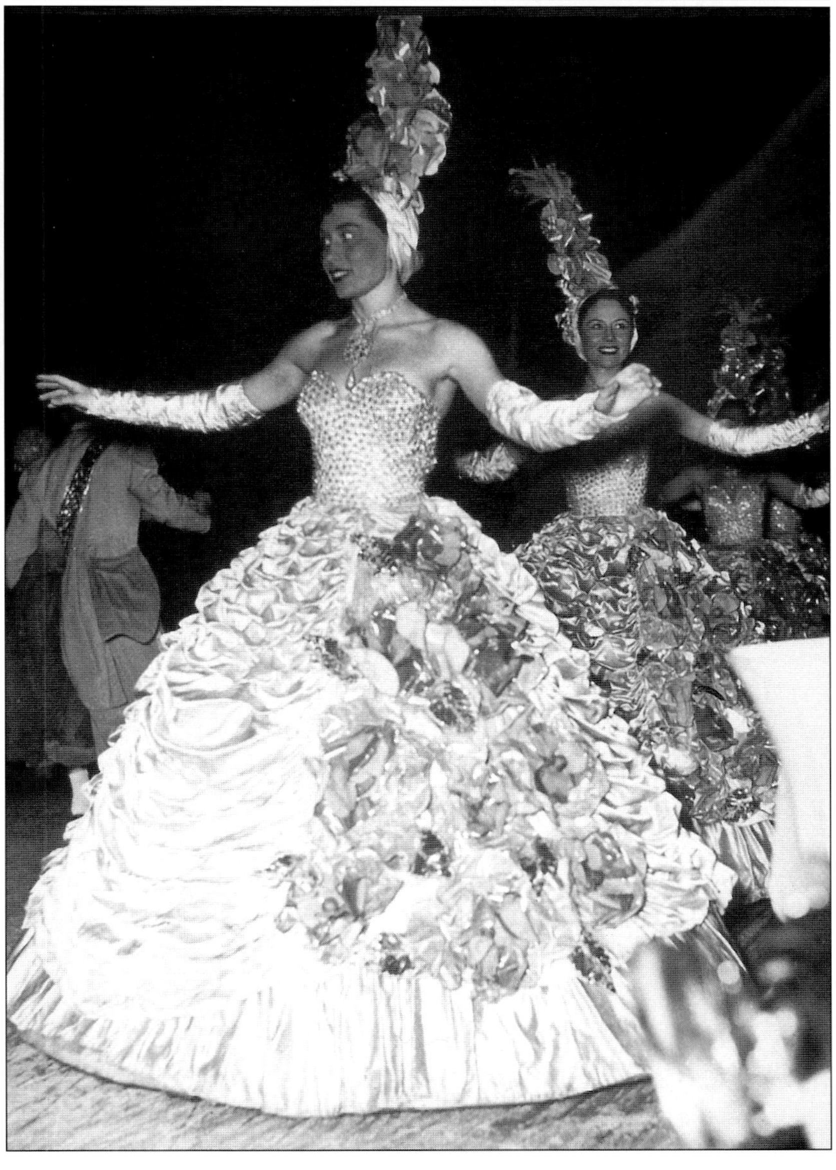

▲▶ Die neuen Musik- und Tanzrichtungen aus Amerika fanden nur bei einem Teil des Publikums Anklang. Weniger spektakulär und etwas vornehmer ging es im Café Stadt Wien an der Bayerstraße zu, wenn das Tanzorchester Eddie de Latte aufspielte; glamourös wurde es im Ausstellungspark bei der Show „Holiday on Ice"; Aufnahmen vom November 1953 und Dezember 1952.

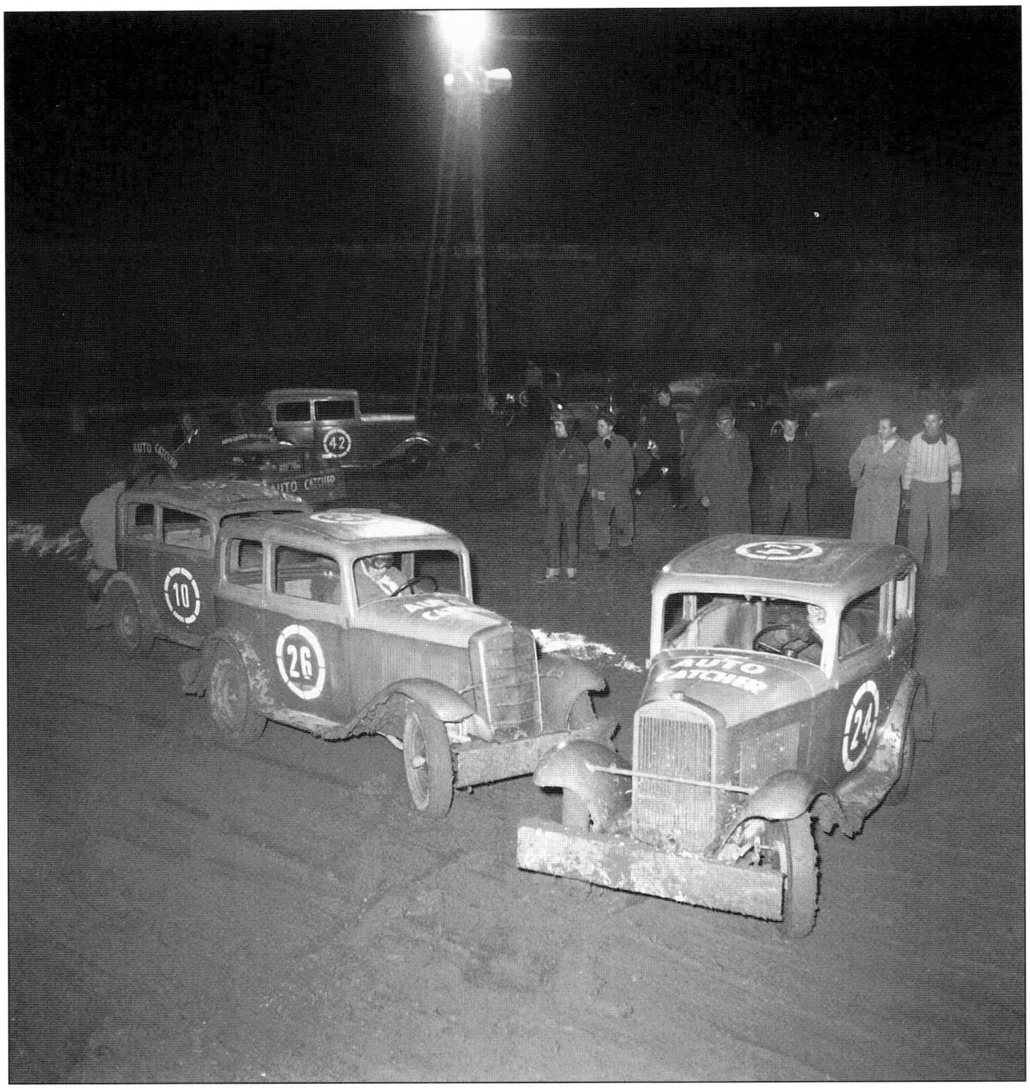

◀▼Unterhaltung und Ablenkung für weniger zart besaitete Gemüter: Ein Crash-Rennen auf der Amorbahn in Sendling im April 1954; sowie „Catch-as-catch-can“, ein Freistilkampf im Circus Krone, April 1954. Kämpfe dieser Art erfreuten sich großer Beliebtheit und fanden fast immer vor ausverkauften Rängen statt.

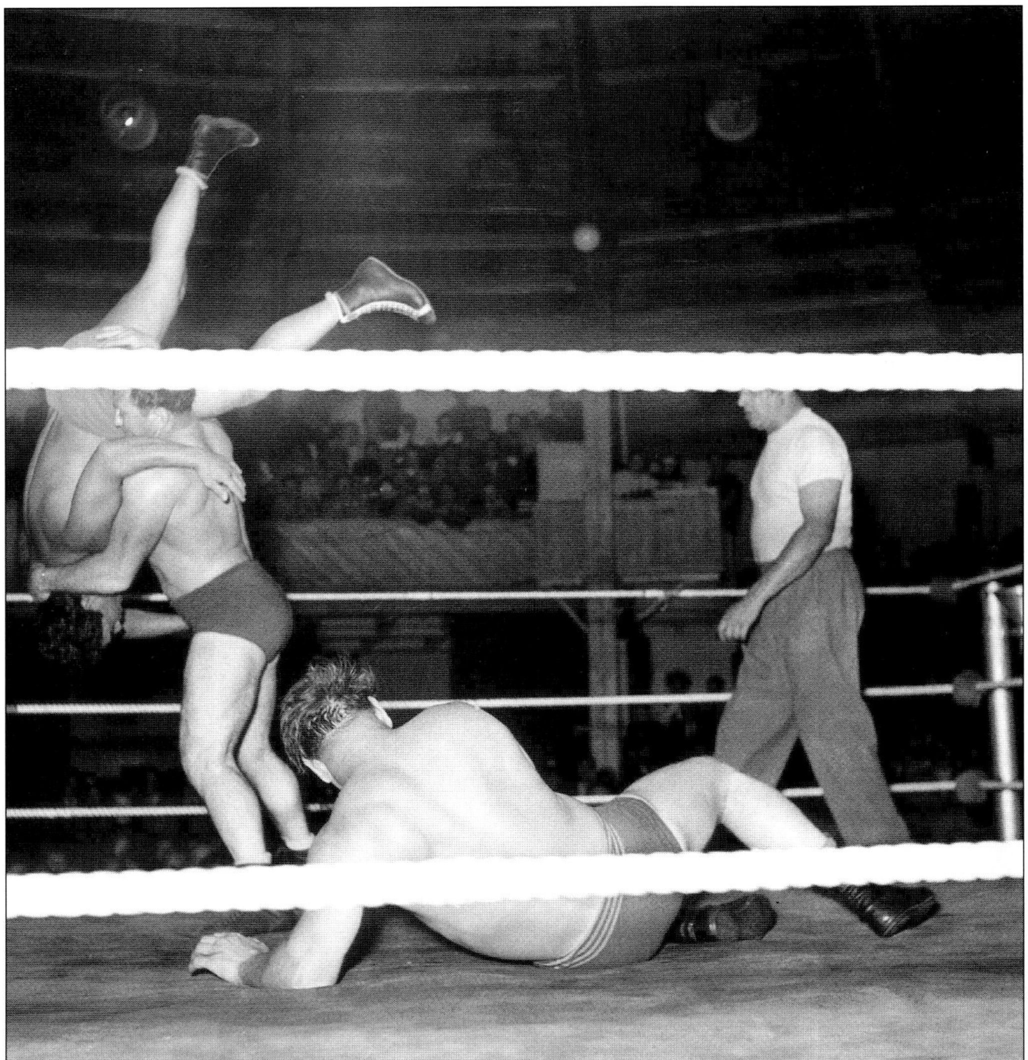

Protestbewegungen

▶▼ Nach dem langen und schrecklichen Krieg verbanden viele Menschen ihre Hoffnungen auf einen dauerhaften Frieden mit der Idee eines vereinten Europas. Besonders die Jugend sollte auf die in einem demokratischen Prozess zu verwirklichende Europa-Idee vorbereitet werden. Der Bayerische Jugendring rief zusammen mit der Europa-Union und unter dem Protektorat des Bayerischen Ministerpräsidenten Ehard im November 1950 zu einer Europa-Kundgebung in die Ausstellungshalle ein. Mehr als 12 000 Jugendliche aus 13 westeuropäischen Ländern nahmen teil.

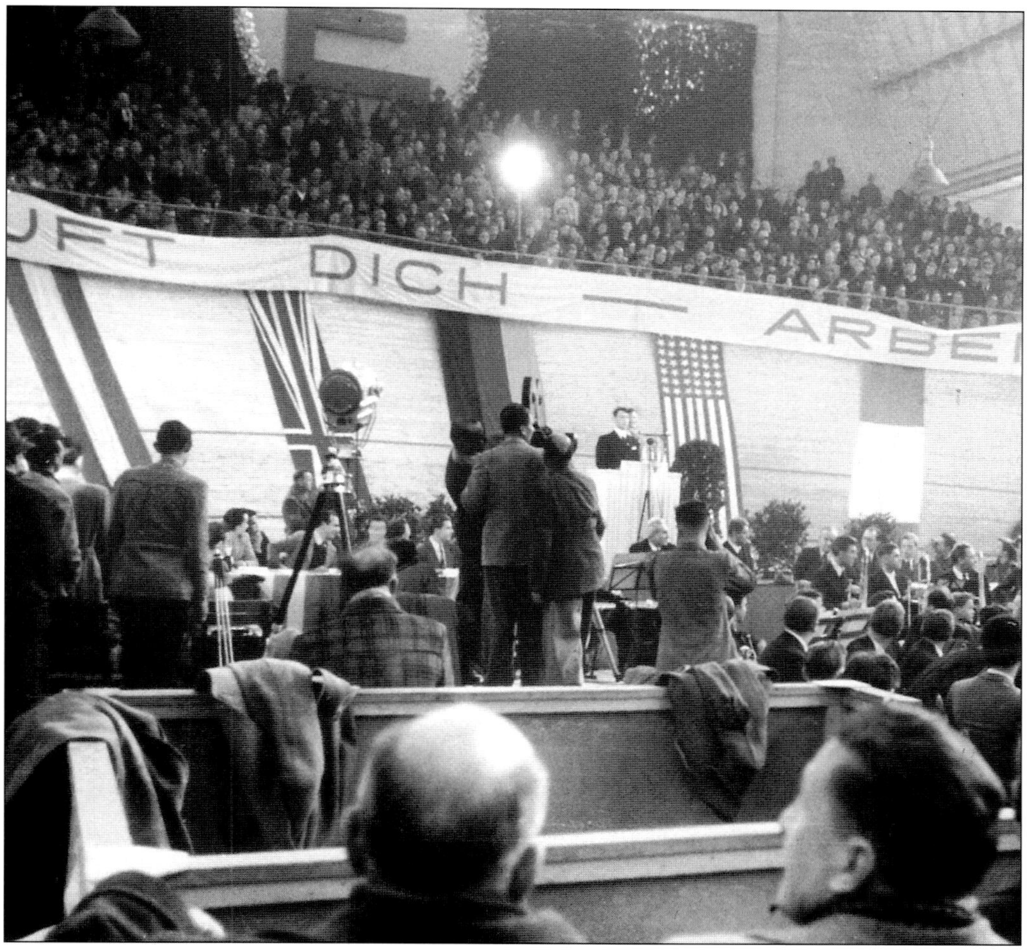

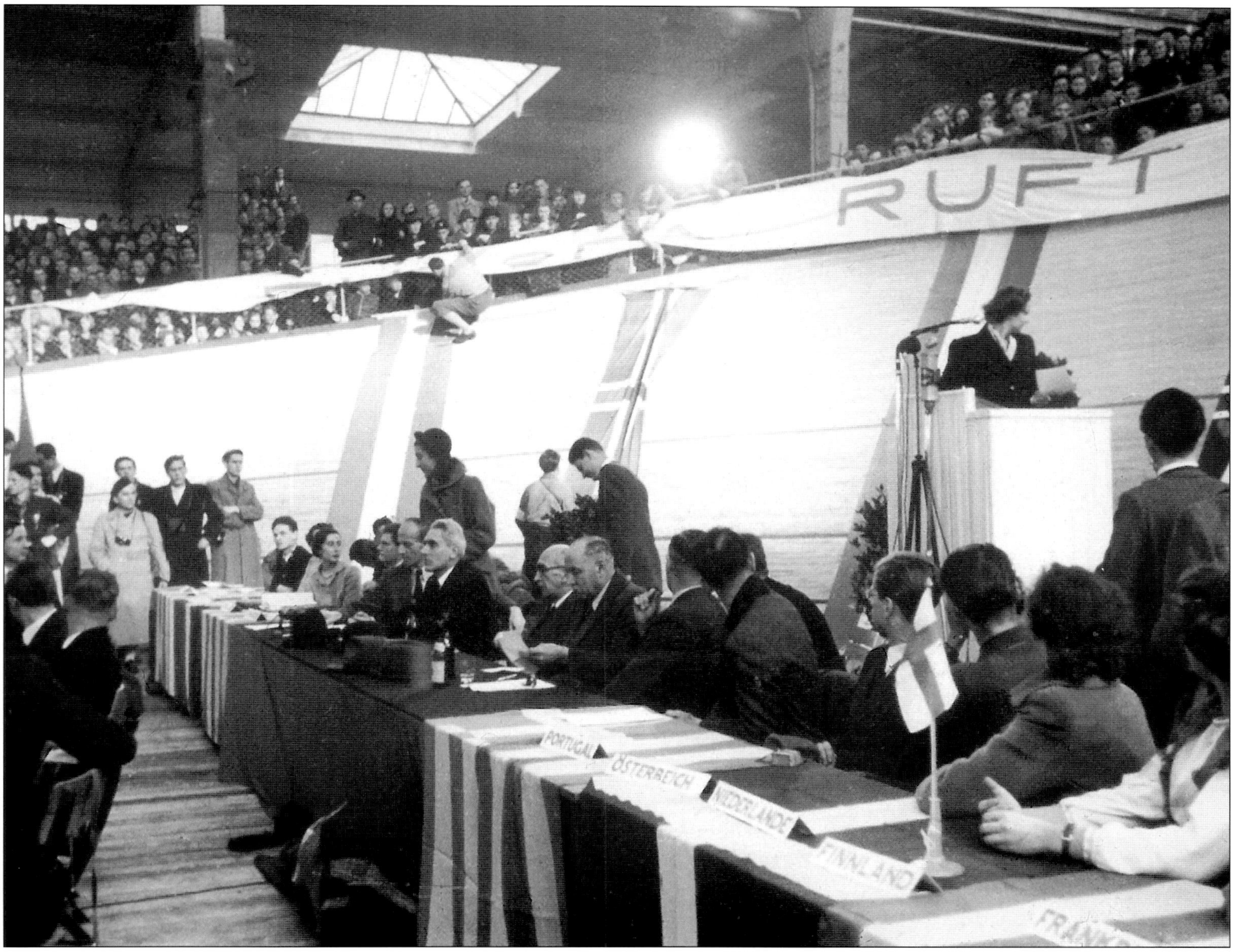

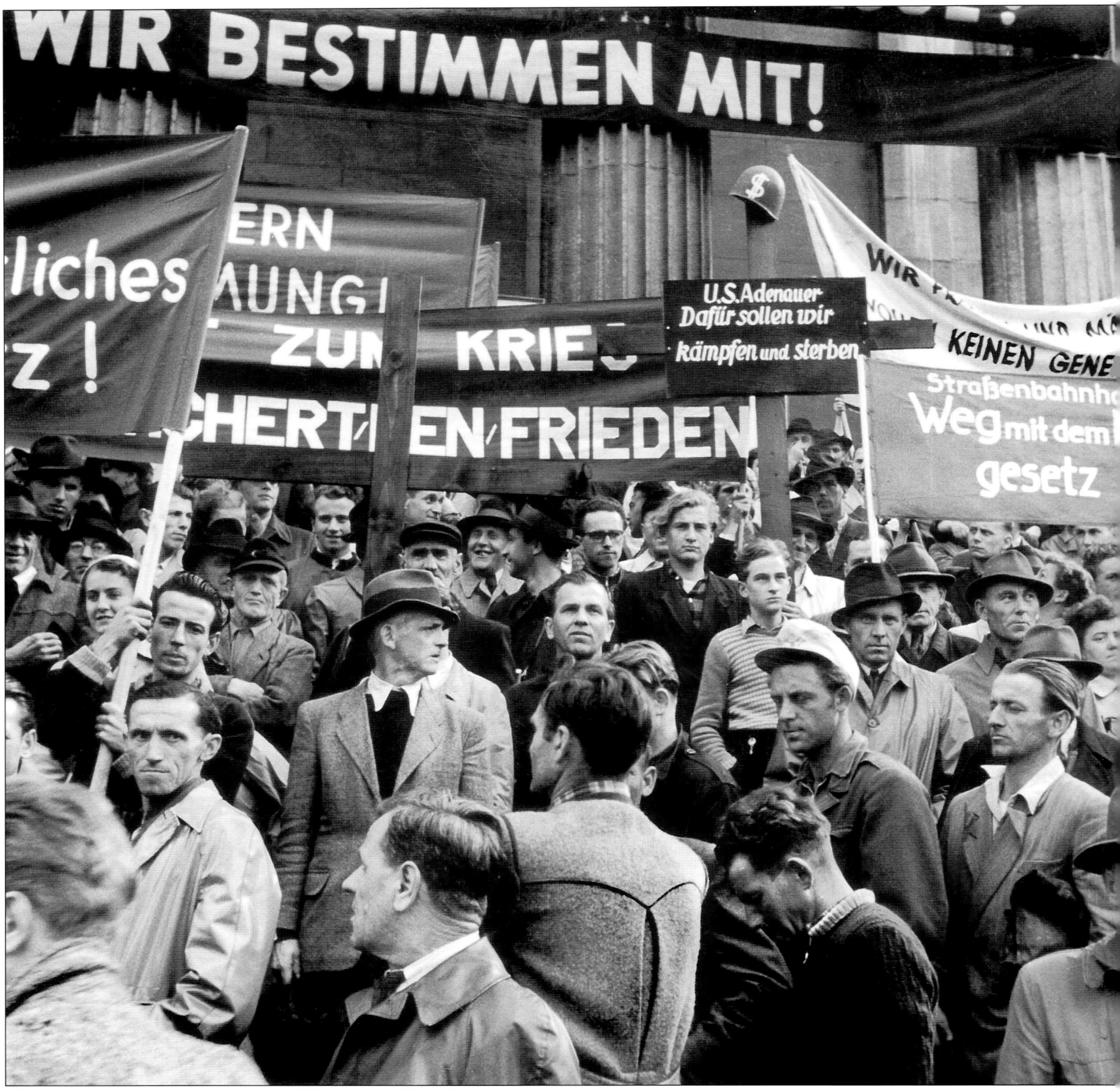

▲ Widerspruch rief der Entwurf der Bundesregierung für das Betriebsverfassungsgesetz hervor, der nach Meinung der Gewerkschaften und vieler Arbeitnehmer den Betriebsräten nicht genug Einfluss auf die innerbetriebliche Mitbestimmung sicherte. Auf dem Königsplatz fand am 26. Mai 1952 eine große Protestkundgebung mit über 120 000 Teilnehmern laut Polizeibericht statt. Zusätzlich organisierten in vielen Betrieben die Arbeiter kurzfristige Warnstreiks.

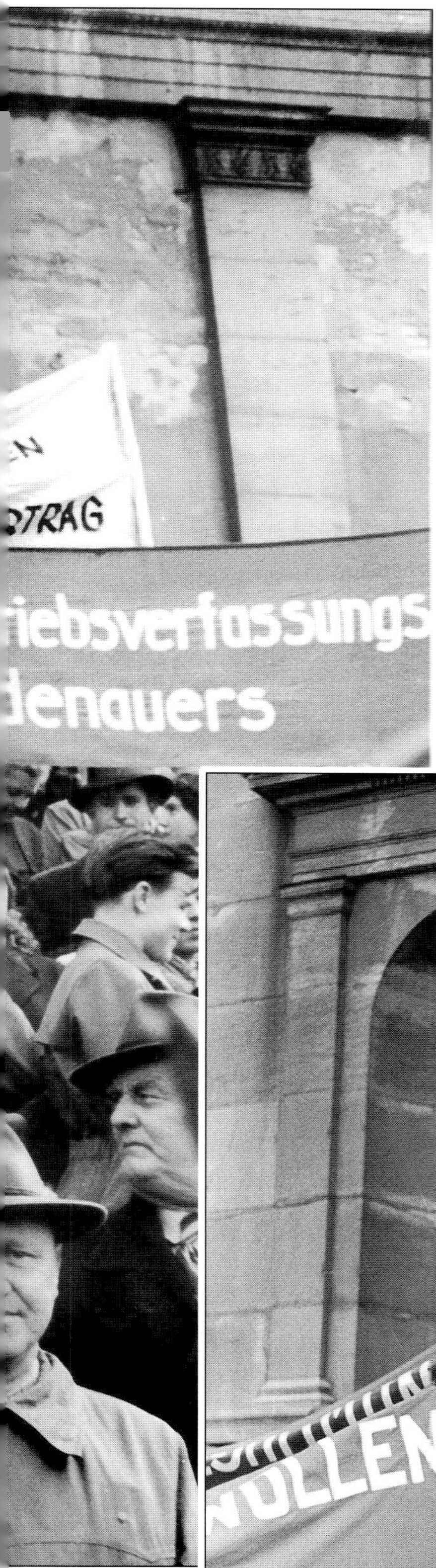

▼Die vom Deutschen Gewerkschaftsbund organisierten Kundgebungen am 1. Mai, dem Tag der Arbeit, gerieten regelmäßig zu einer Generalabrechnung mit der Regierungspolitik unter dem Bundeskanzler Konrad Adenauer. Kundgebung am 1. Mai 1956 auf dem Königsplatz.

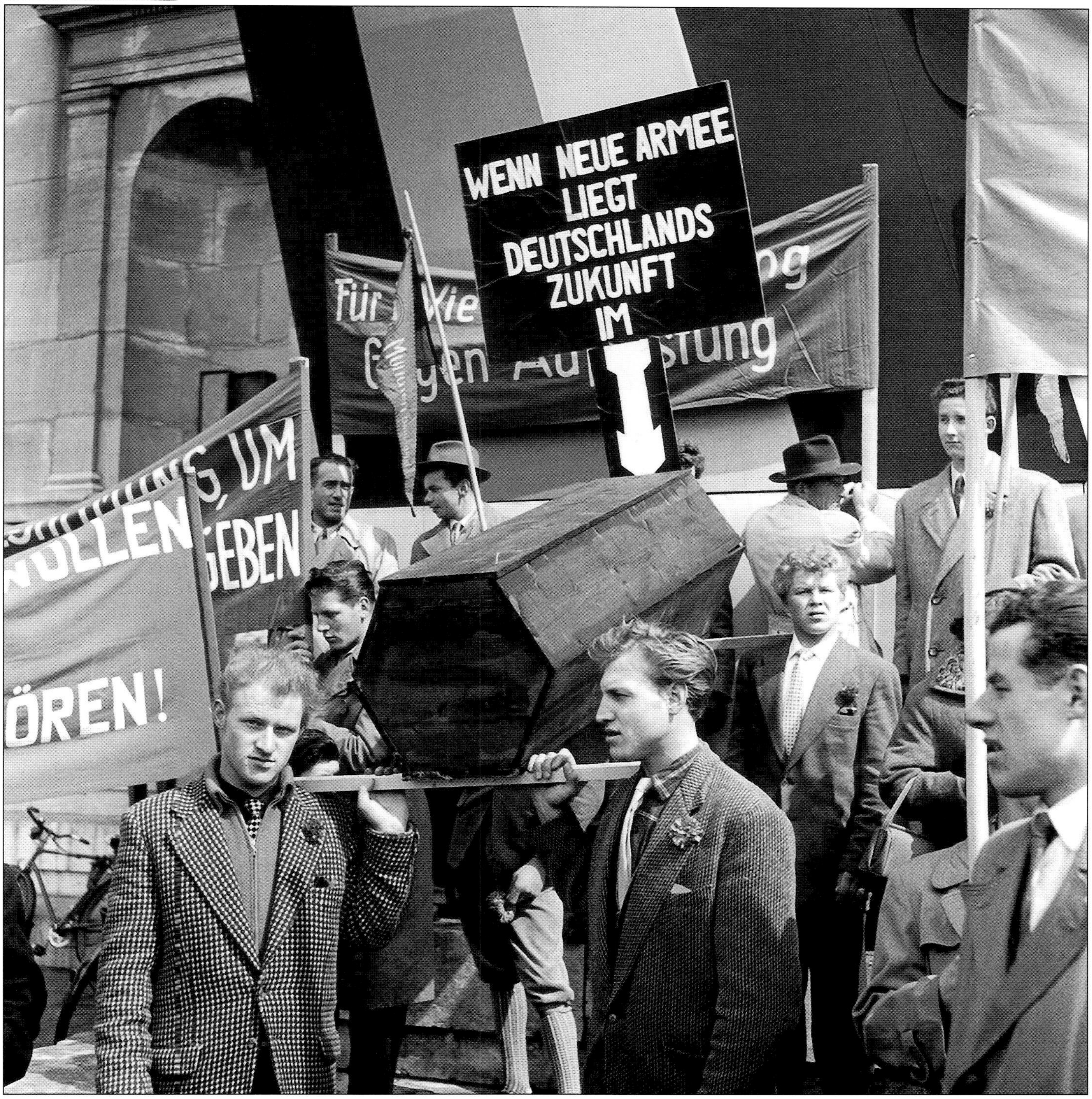

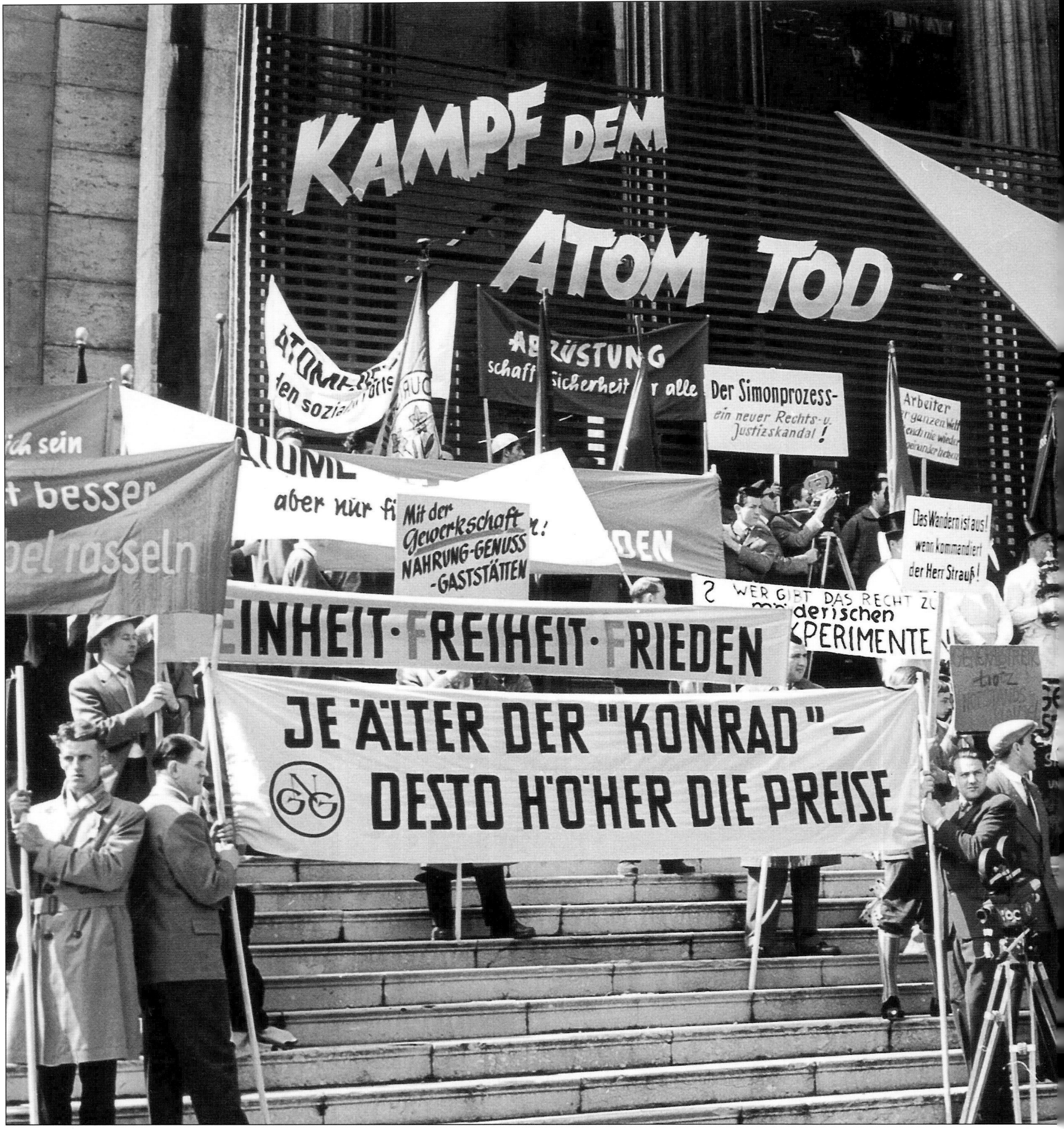

Kundgebung am 1. Mai 1958 auf dem Königsplatz.

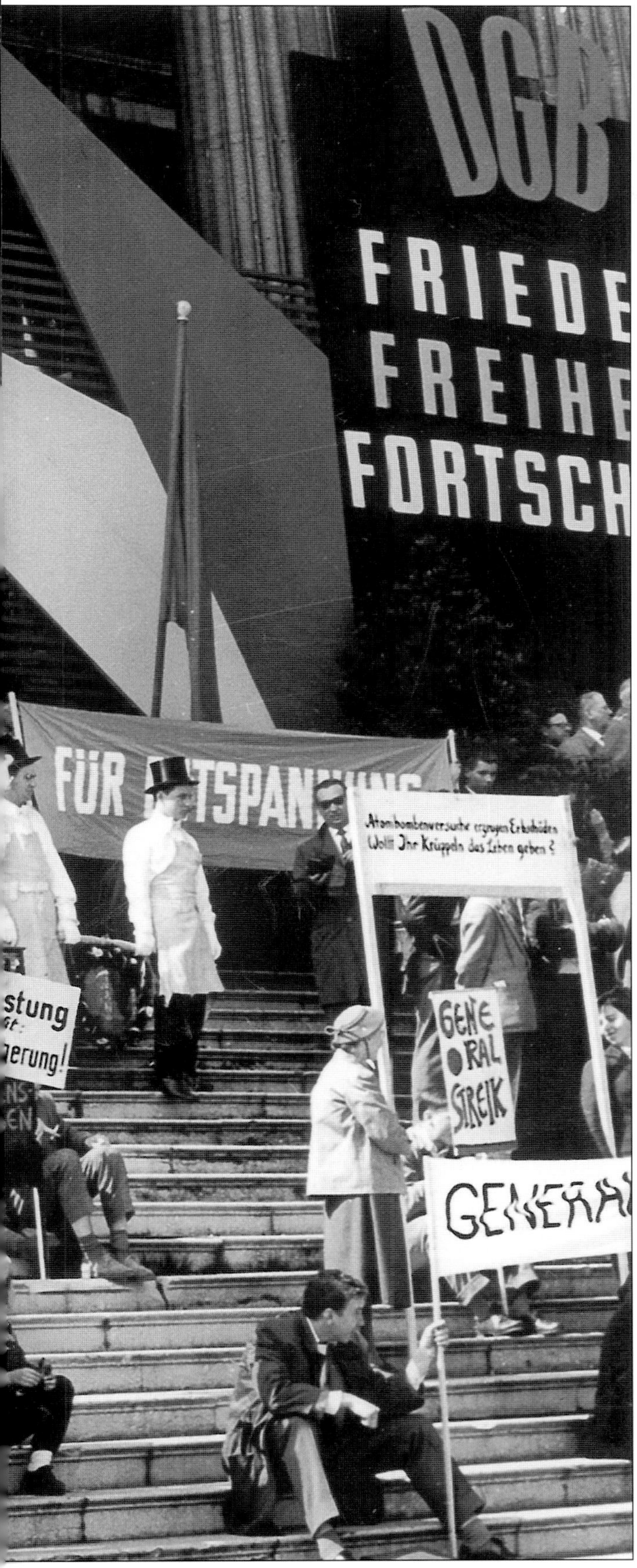

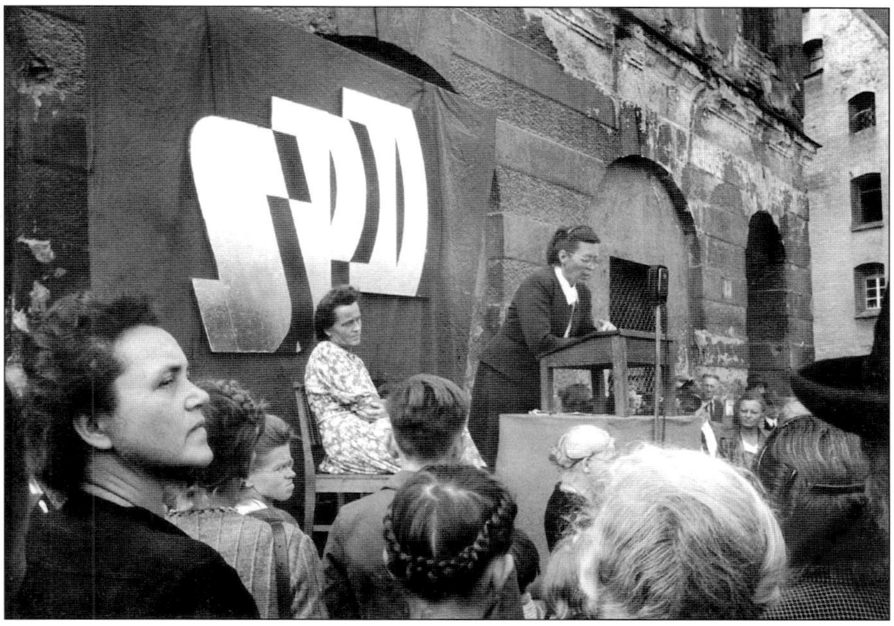

▲Die Rolle der Frau im gesellschaftlichen und politischen Leben war noch stark von traditionellen Mustern bestimmt. Obwohl viele Frauen gerade während der Kriegs- und Nachkriegszeit ihre Leistungsfähigkeit, ihr Organisationstalent und ihre Tatkraft unter Beweis gestellt hatten, wurden sie bald wieder in die alte Hausfrauen- und Mutterrolle zurückgedrängt. Anlässlich der ersten Bundestagswahl 1949 rief beispielsweise die SPD zu einer Kundgebung speziell für Münchner Hausfrauen auf. Am 11. August 1949 sprach auf dem St.-Jakobs-Platz die künftige Bundestagsabgeordnete und spätere Bundesgesundheitsministerin Käthe Strobel zu den Frauen.

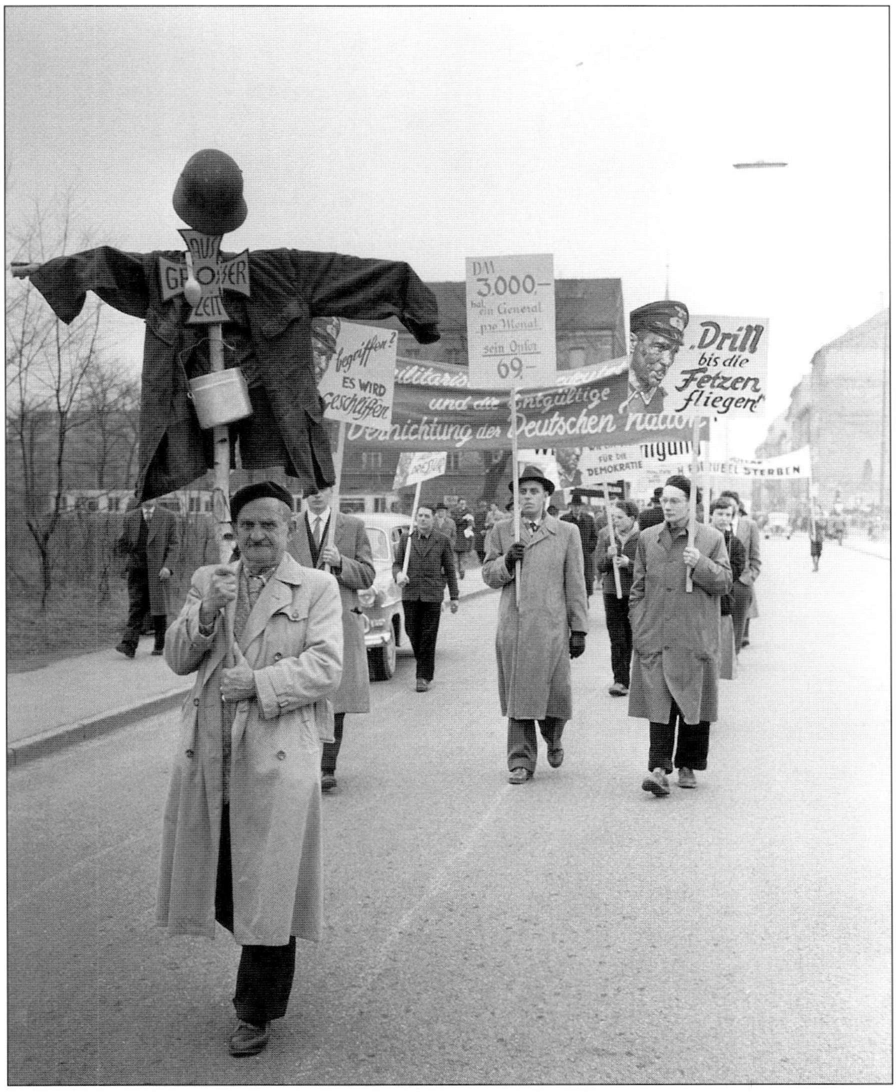

▶Zu den heftig umstrittenen politischen Themen gehörte die Wiedereinführung der allgemeinen Wehrpflicht. Immer wieder riefen verschiedene Organisationen, wie hier die Internationale der Kriegsdienstgegner im März 1956, zu Demonstrationen dagegen auf.

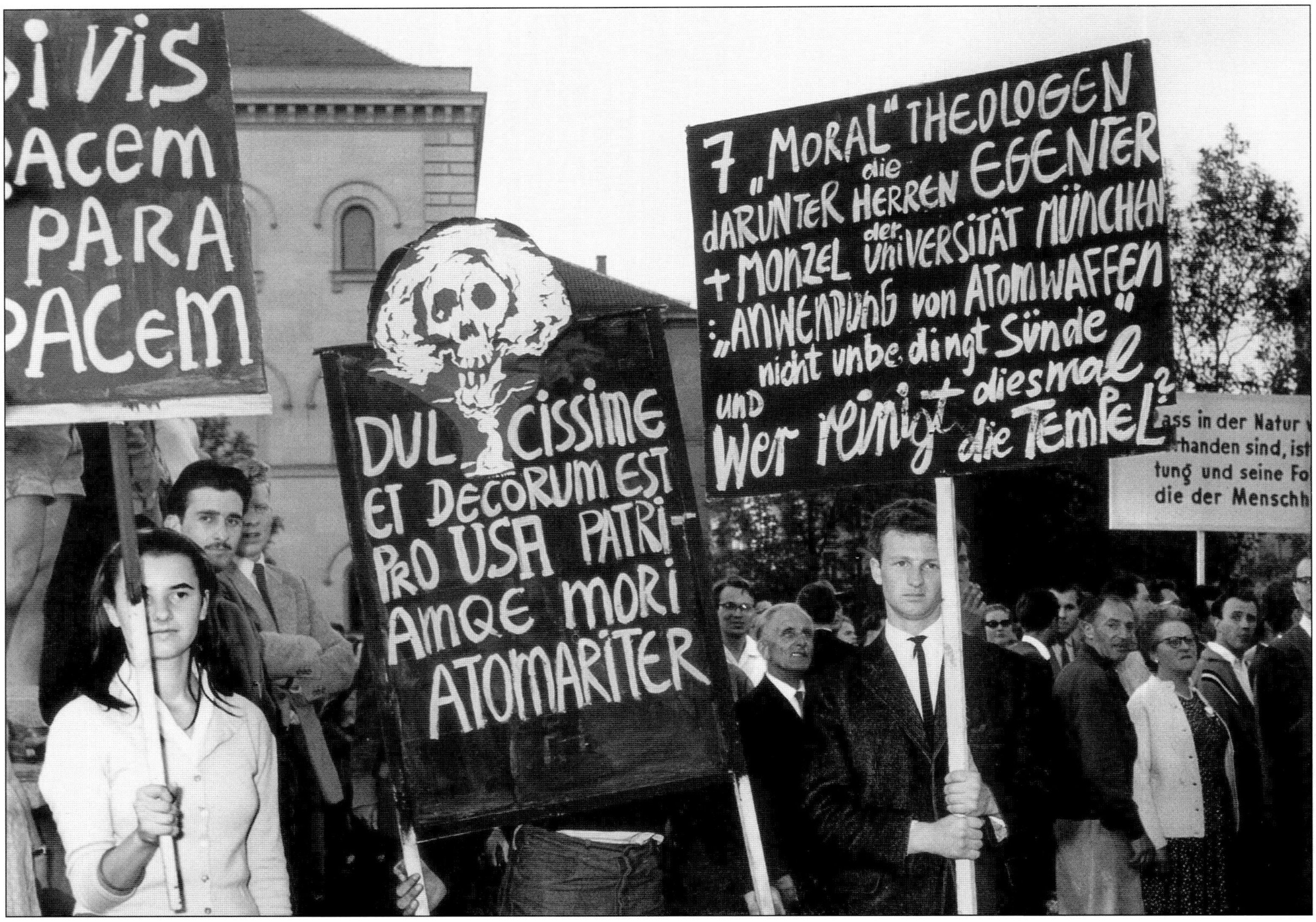

▲ Studentenprotest vor der Universität gegen die Atomrüstung, Mai 1958.

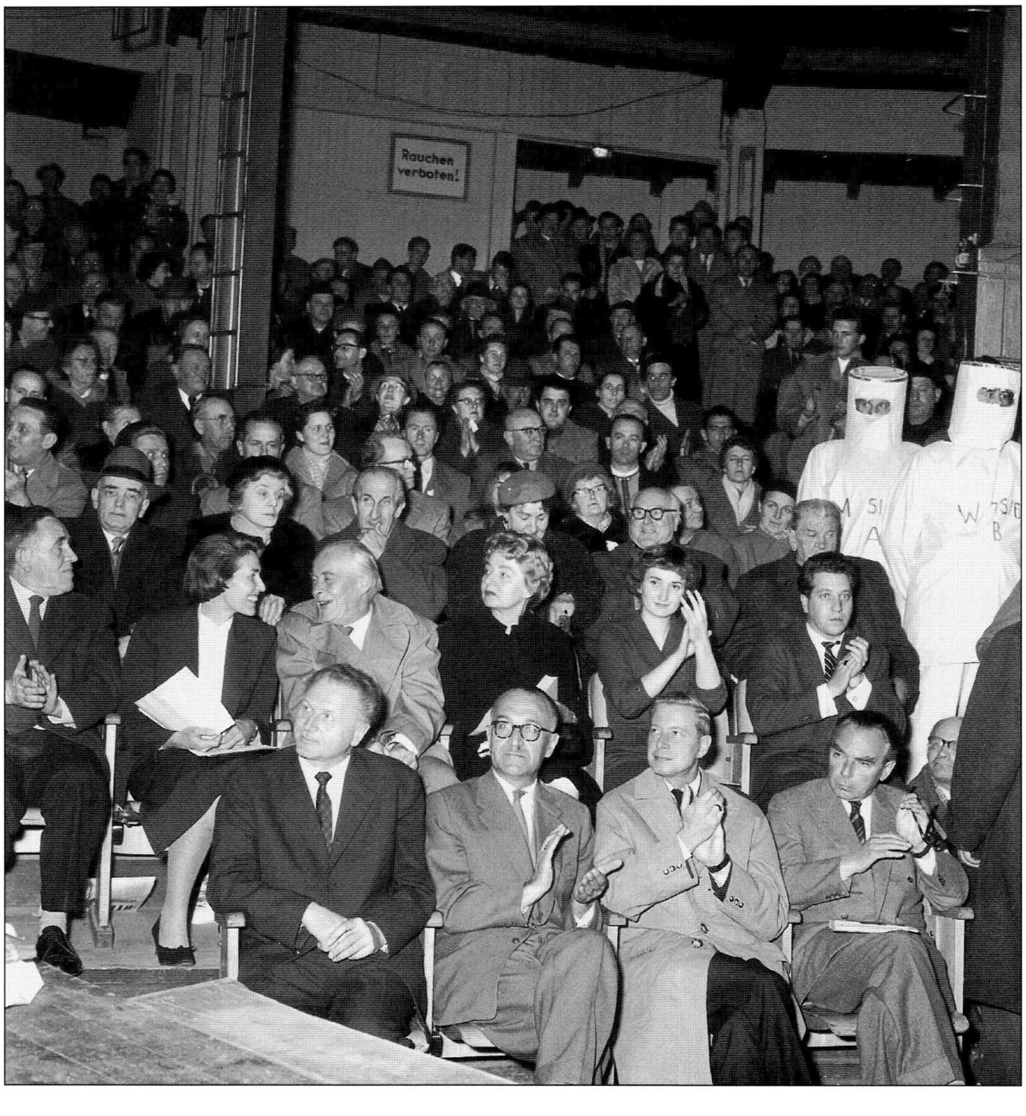

▶ Kundgebung der Atomwaffengegner im Circus Krone, April 1958. Bekannte Vertreter aus dem politischen und kulturellen Bereich engagierten sich für dieses Thema. In der ersten Reihe saßen (von links): der bayerische SPD-Vorsitzende Waldemar von Knoeringen, der Direktor des Instituts für Publizistik in Münster Professor Walter Hagemann, der Schauspieler Dieter Borsche und der Schriftsteller Erich Kästner; in der zweiten Reihe u. a. die FDP-Politikerin Hildegard Hamm-Brücher (2. v. l.).

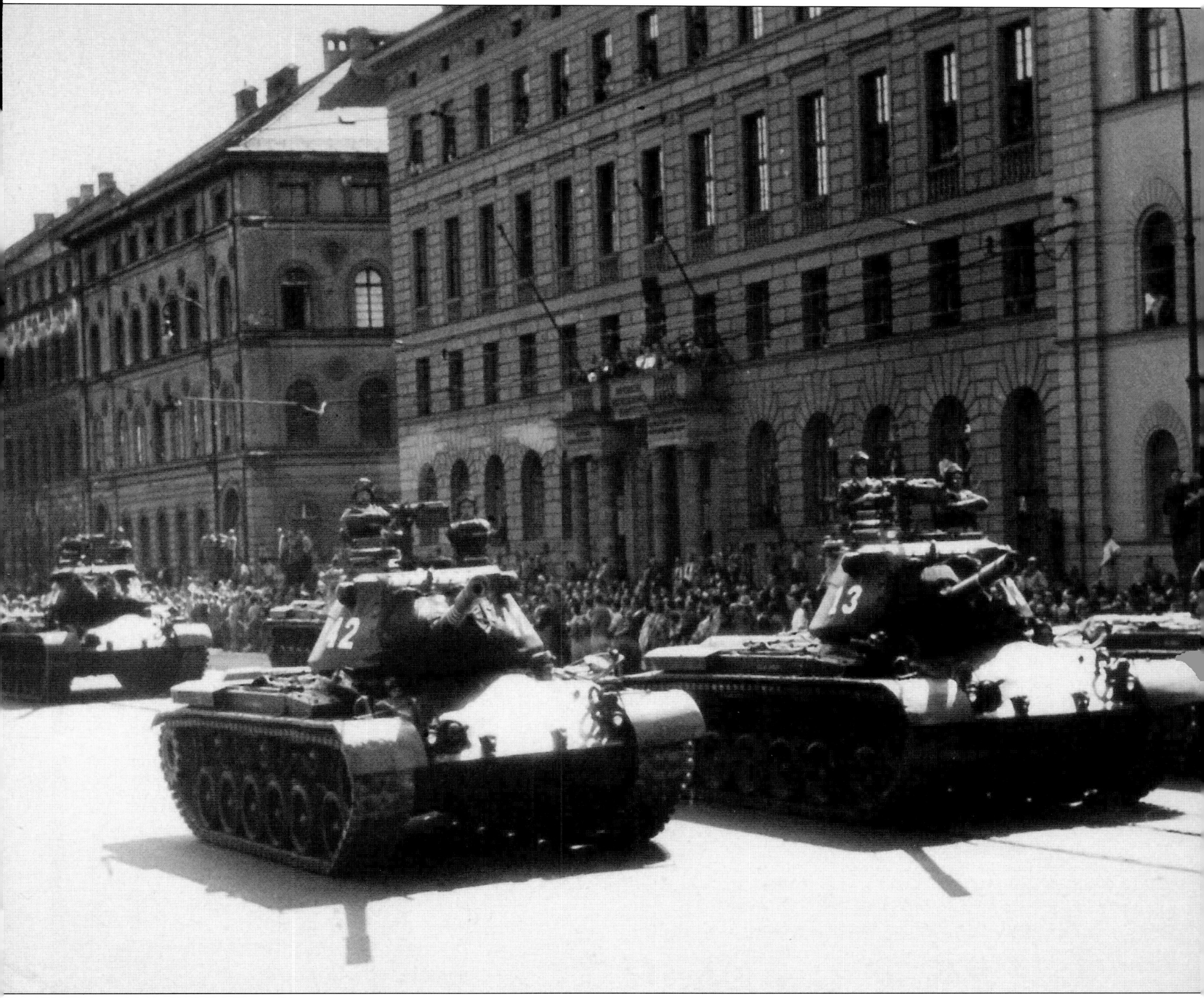

Amerikaner und Amerikanisierung

Die amerikanische Besatzungsmacht hatte sich nach dem überzeugend anlaufenden Demokratisierungsprozess schrittweise aus dem Bereich der Zivilverwaltung und aus den politischen Entscheidungsebenen zurückgezogen. Militärisch blieb sie im Stadtbild präsent. Jedes Jahr fand eine große Militärparade statt; das Foto zeigt die Parade vom Mai 1956 in der Ludwigstraße.

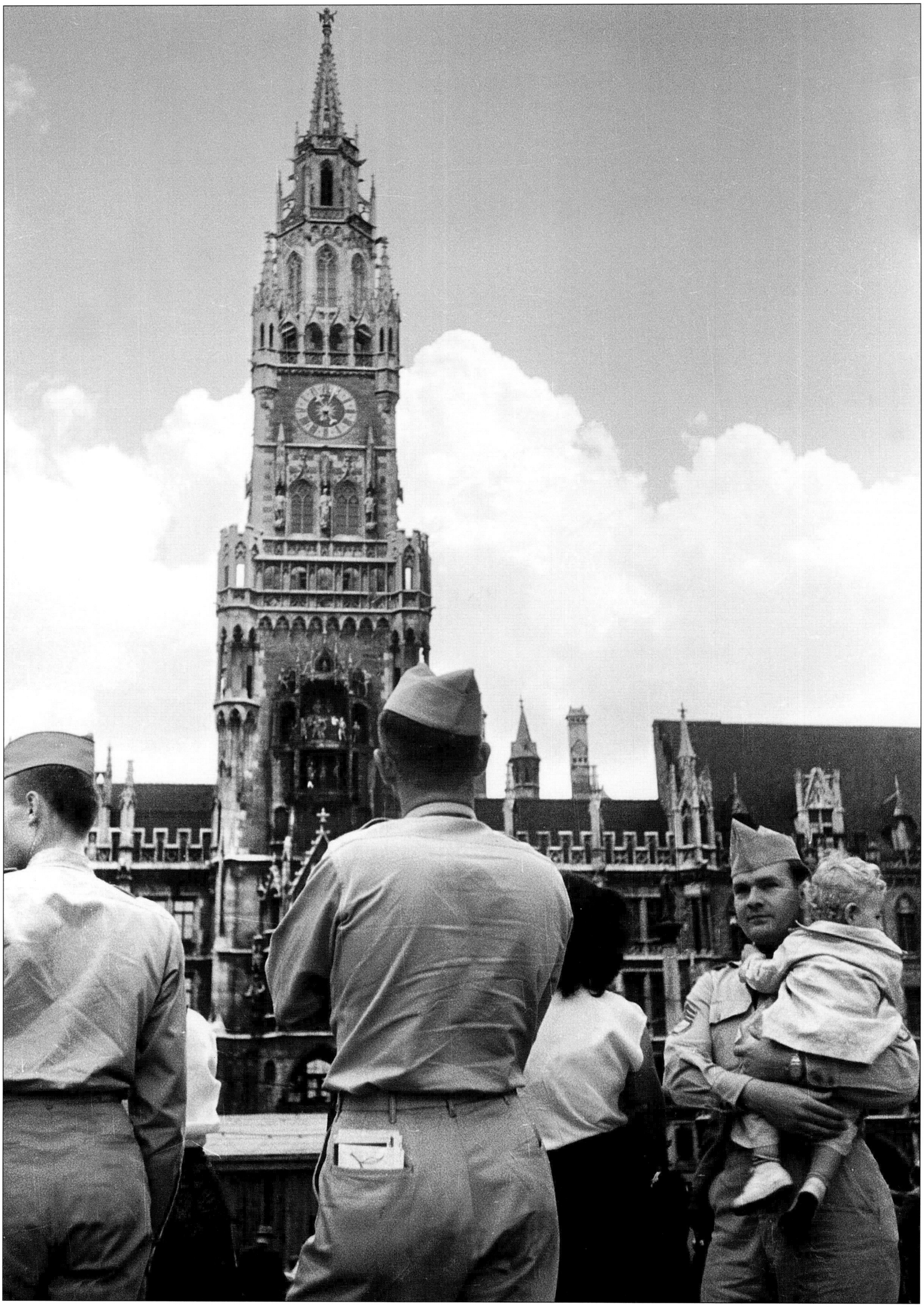

◄ Angehörige der amerikanischen Besatzungsstreitkräfte auf dem Marienplatz, 1957.

► Der amerikanische Rock'n'Roll-Star Elvis Presley, das Idol vieler Jugendlicher, bei einem Besuch in München im März 1959. Die Schauspielerin Vera Tschechowa führte ihn über das Filmgelände am Geiselgasteig.

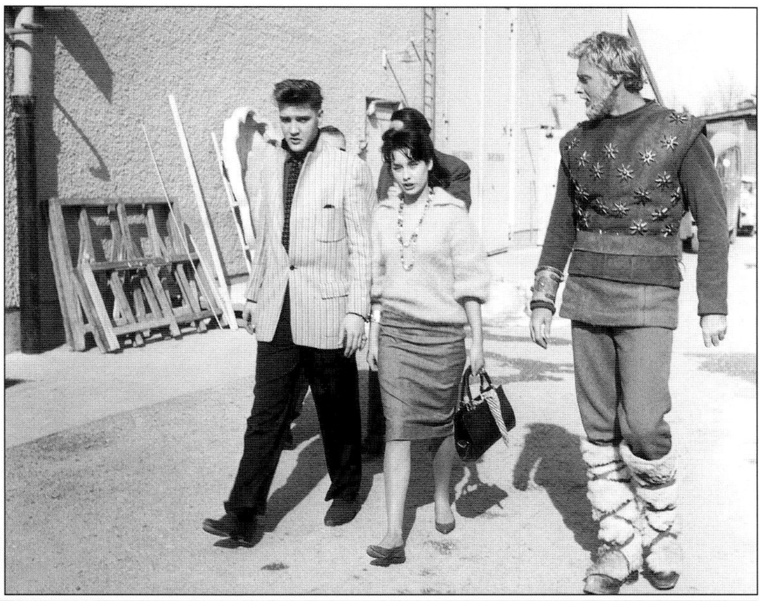

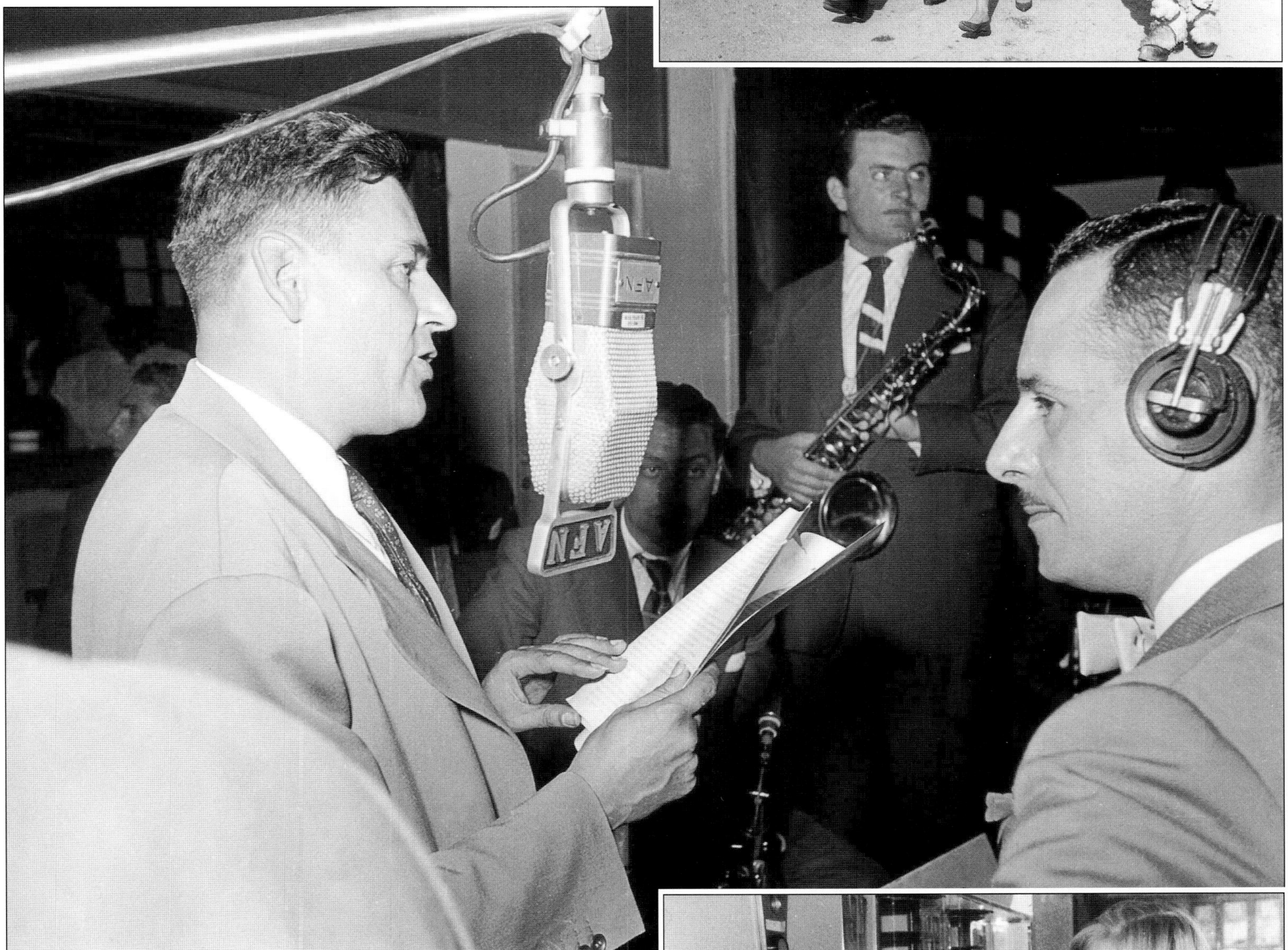

▲ Der Lebensstil der Amerikaner, Hollywood-Filme und amerikanische Musik, standen hoch im Kurs bei deutschen Jugendlichen. Großer Beliebtheit erfreute sich dementsprechend der Rundfunksender „American Forces Network“, kurz AFN genannt. Auch der Münchner Jazz-Saxophonist Max Greger trat im Juni 1954 bei einem der live übertragenen Musikfeste des Senders auf.

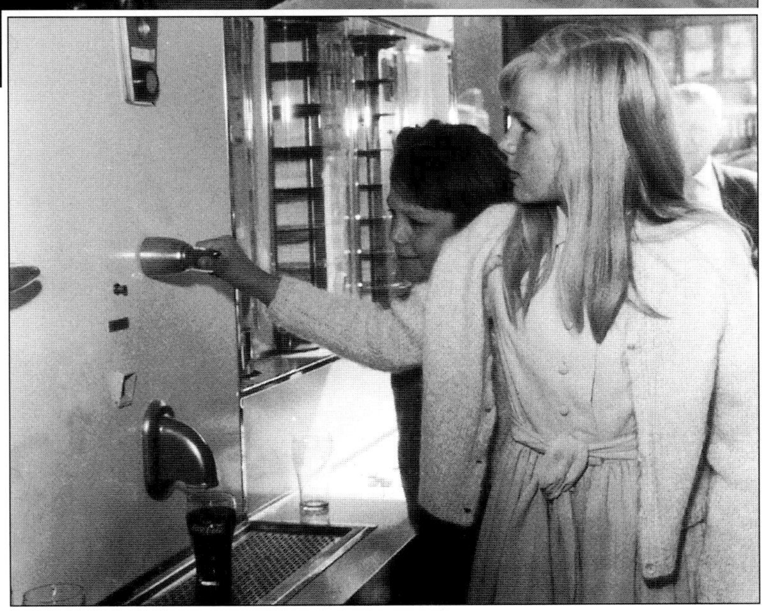

► Das bald beliebteste Erfrischungsgetränk kam aus den USA: Coca-Cola-Ausschank in einem Schwabinger Automaten-Restaurant, September 1959.

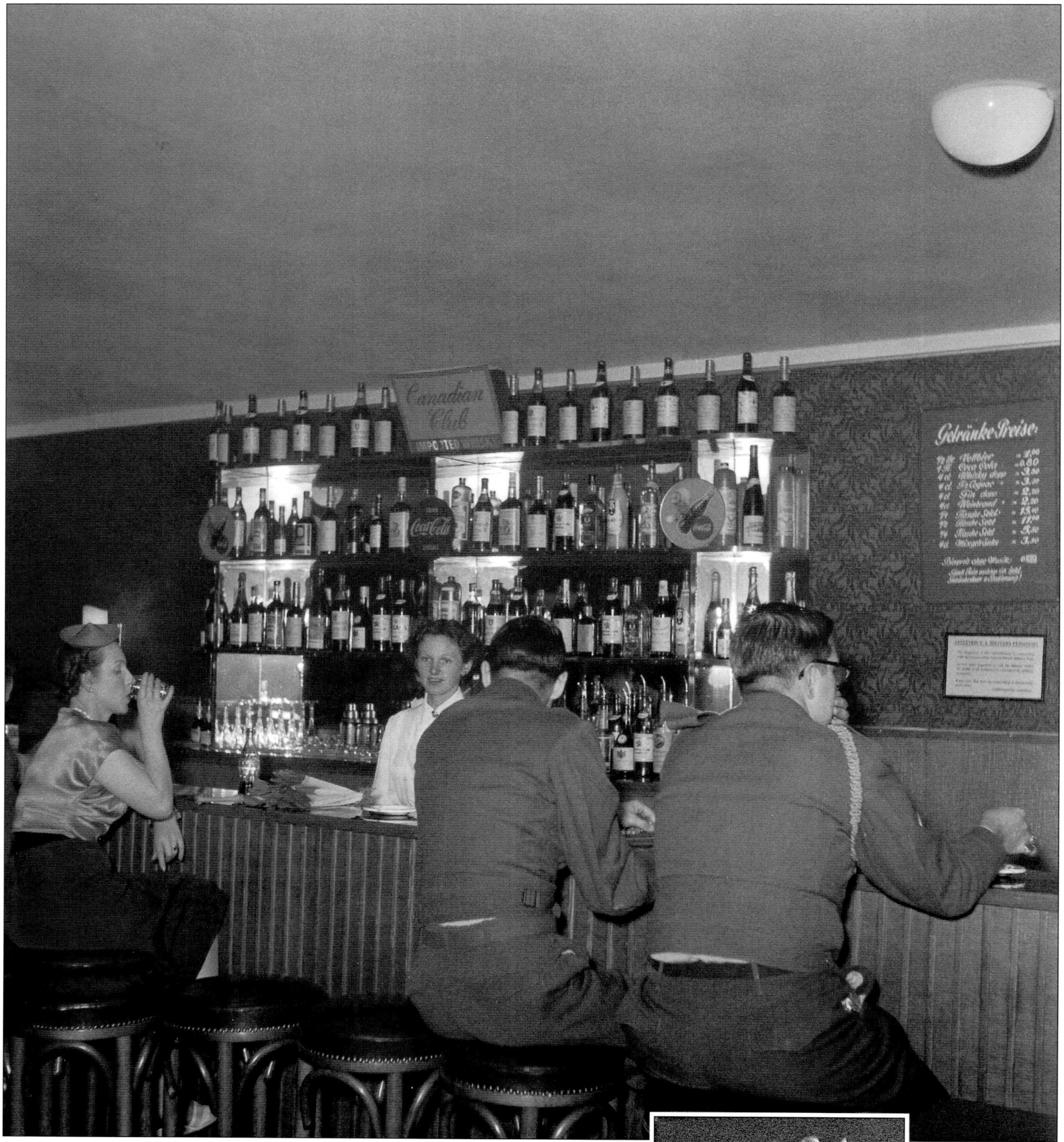

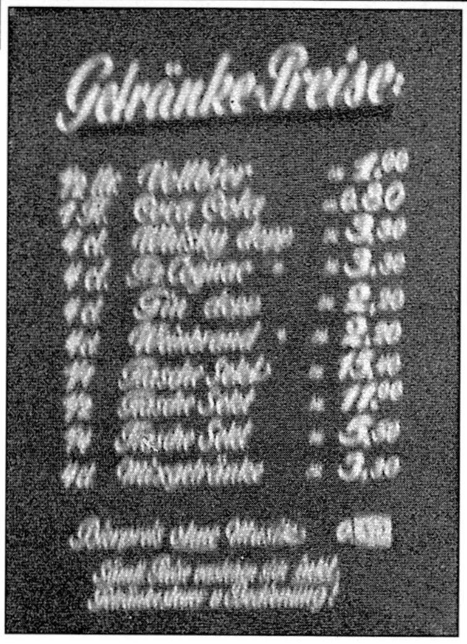

Amerikanische GIs im Canadien Club, Oktober 1953.

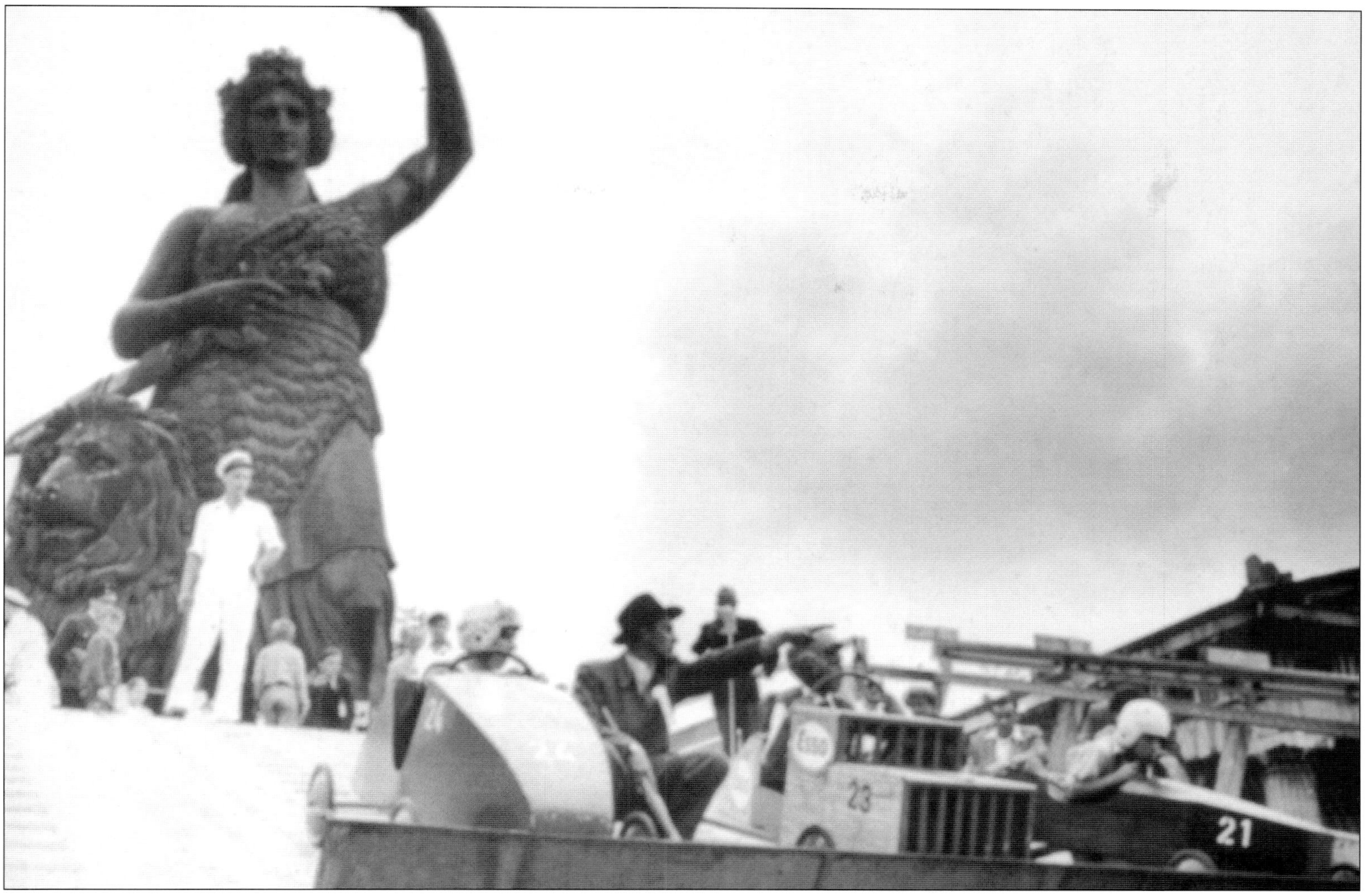

▲▼Ein weiterer, bei der Münchner Jugend beliebter Import aus Amerika: die sogenannten Seifenkistlrennen, bei denen Münchner Buben in selbstgebastelten Fahrzeugen zur Wettfahrt antraten. Im Juni 1950 wurde ein international besetztes Rennen um den großen Preis von Europa zu Füßen der Bavaria ausgetragen. Die amerikanische Besatzungsmacht übernahm die Schirmherrschaft der Veranstaltung und sorgte für das Rahmenprogramm.

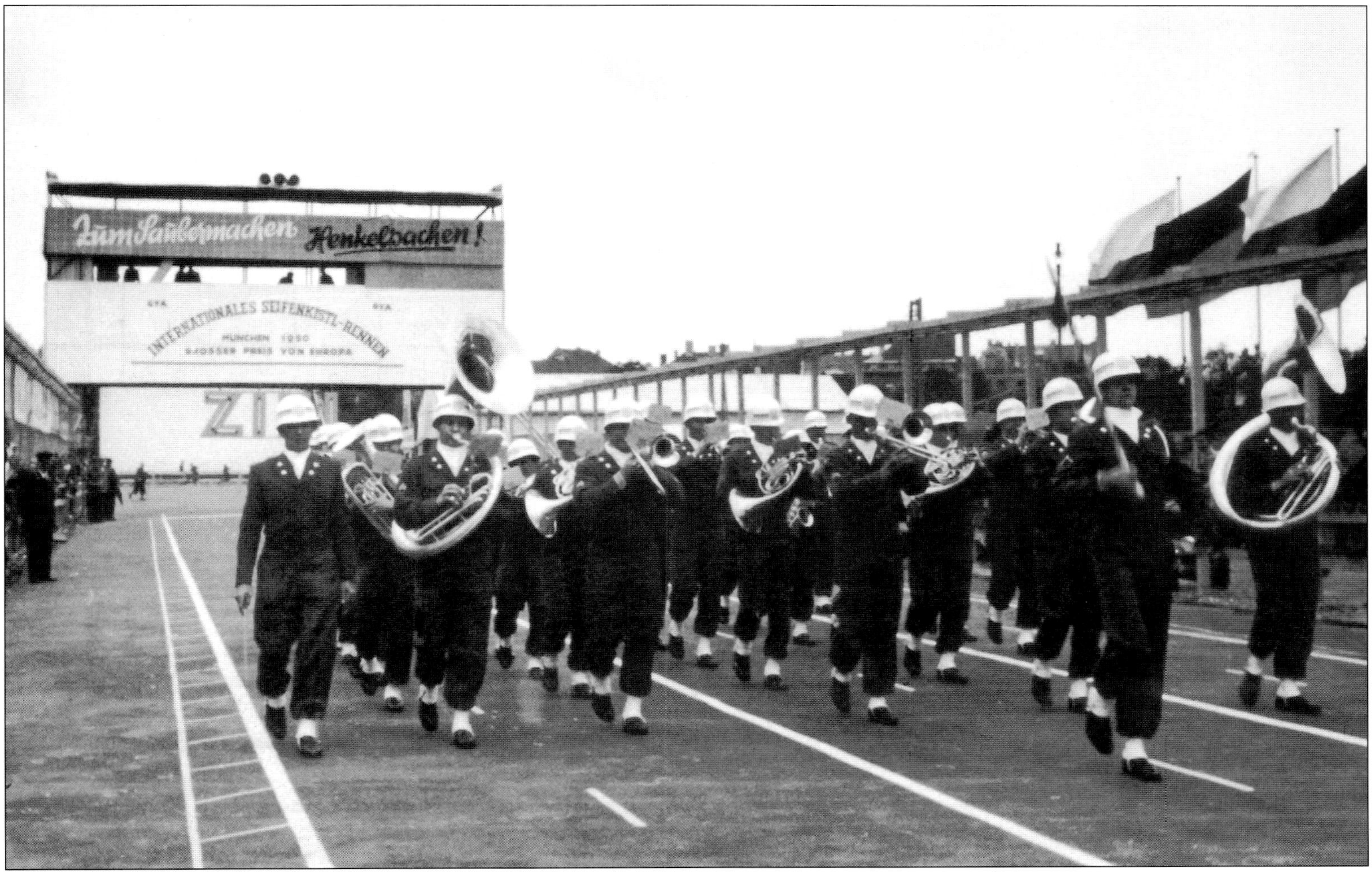

▶ ▼ Der Hula-Hoop-Reifen, von einer amerikanischen Spielzeugfirma 1957 auf den Markt geworfen, trat innerhalb kürzester Zeit in Amerika seinen Siegeszug an; die Europäer teilten rasch die Begeisterung für das einfache Spielzeug. Im Schwabinger Lokal „Tabu" wurde im Oktober 1958 ein Hula-Hoop-Wettbewerb ausgetragen. Die Fotos zeigen die Favoriten der Veranstaltung, Max Schetting und Tama Lumb.

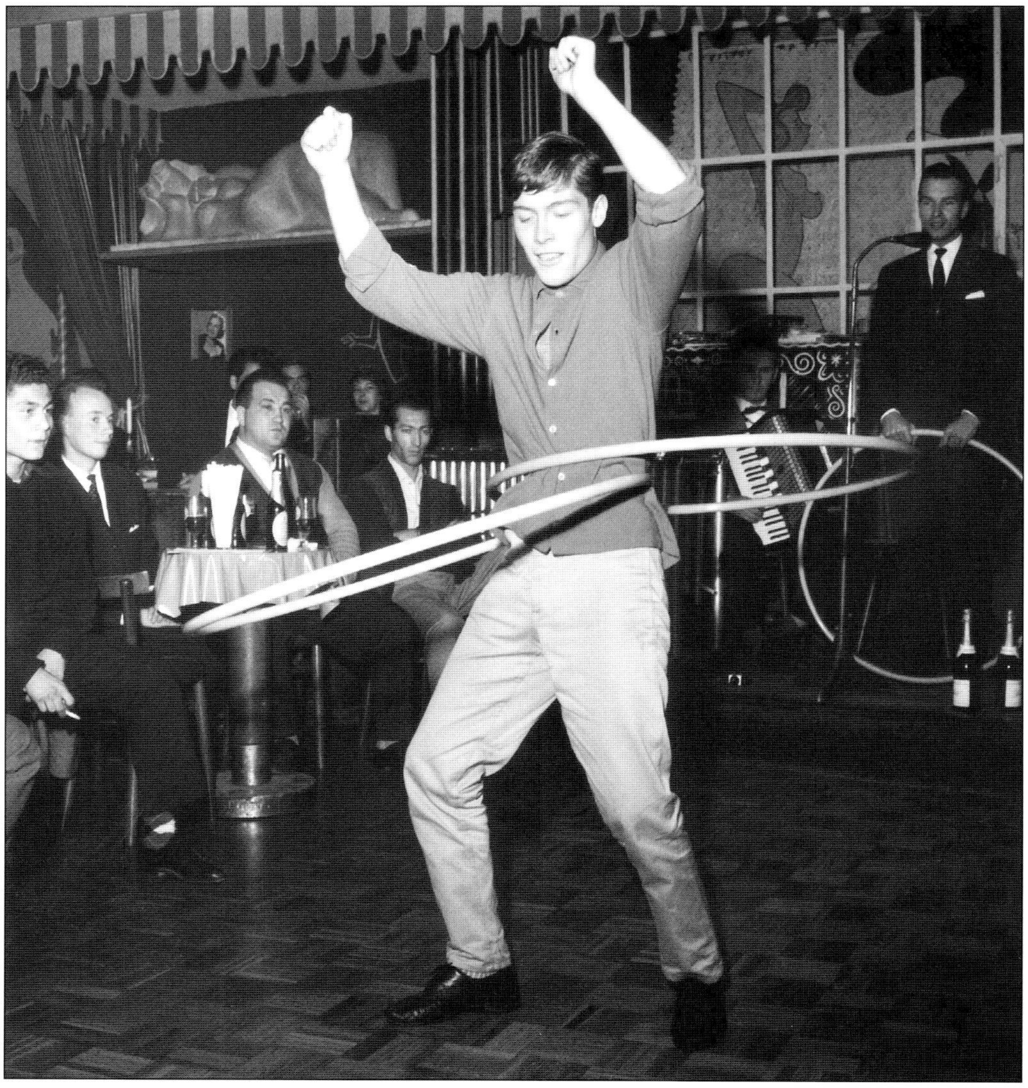

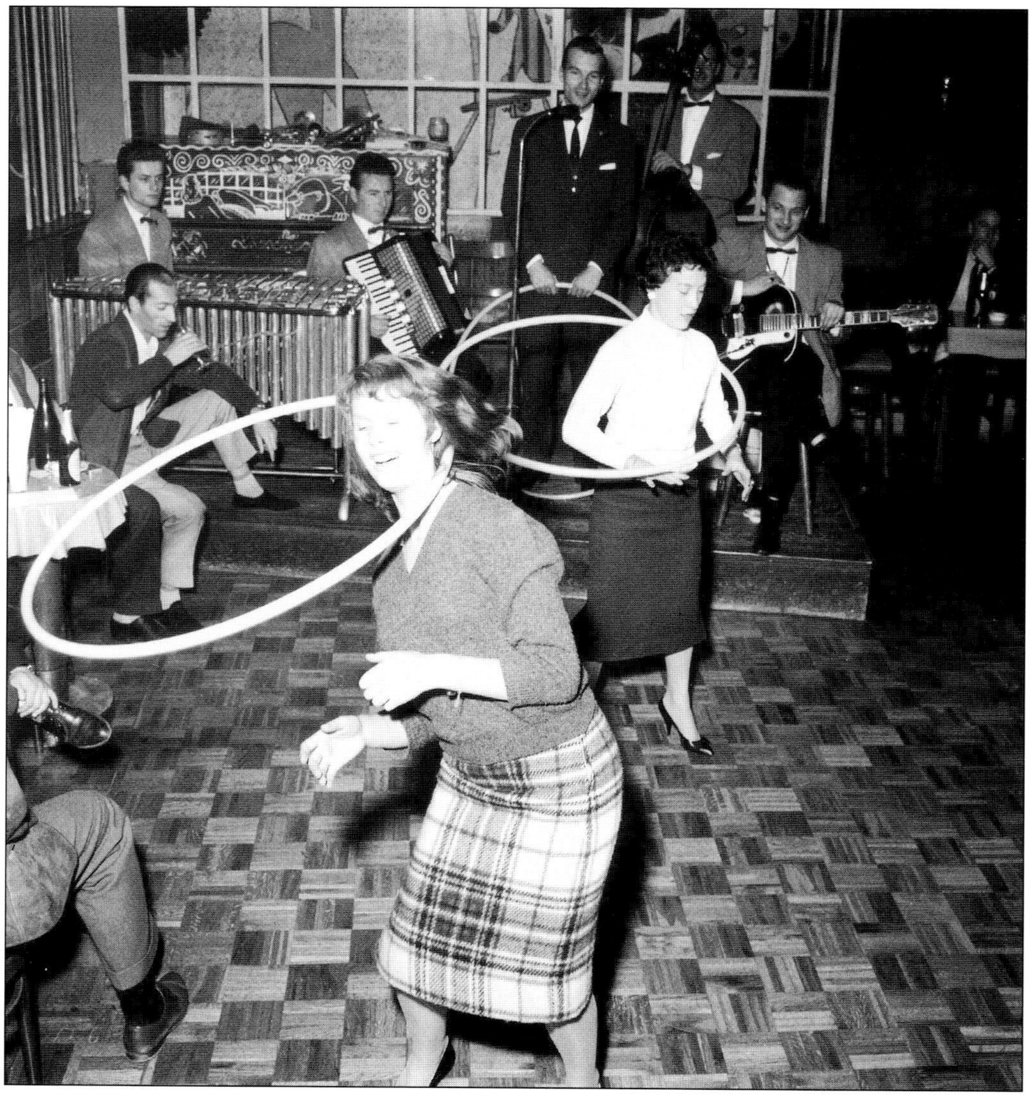

Neues Theater – neue Musik

▶Auf den Münchner Bühnen feierten Dramen, die dem Existenzialismus und dem absurden Theater zuzurechnen sind, große Erfolge. Schriftsteller aus dem westlichen Ausland, aus Frankreich und Irland, galten als führende Vertreter dieser literarischen Strömungen.
„Warten auf Godot“ von Samuel Beckett, inszeniert im März 1954 für die Kammerspiele von Fritz Kortner mit Ernst Schröder als Wladimir und Heinz Rühmann als Estragon.

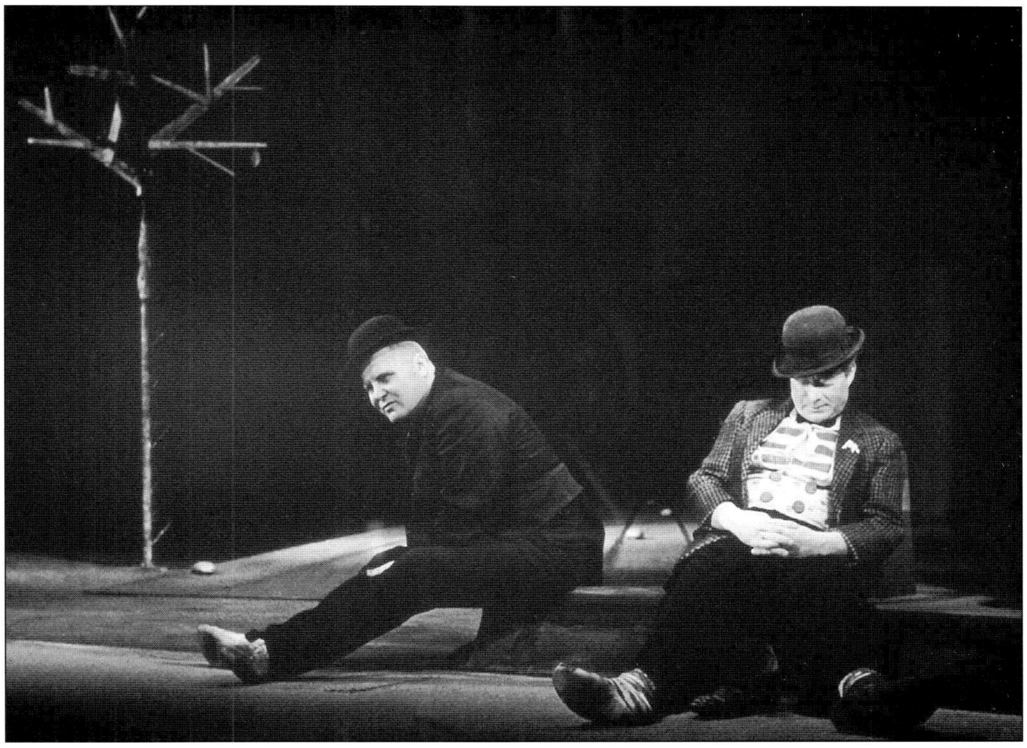

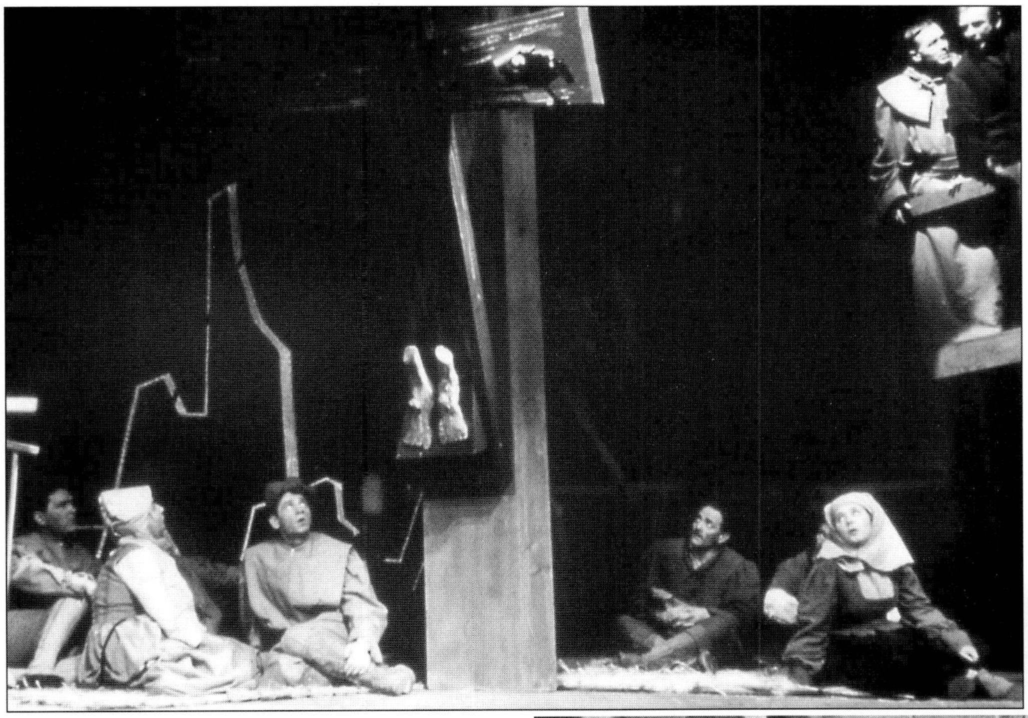

◀„Der Teufel und der liebe Gott“ von Jean Paul Sartre in den Kammerspielen, November 1956.

▶„Die Stühle“ von Eugene Ionesco mit Peter Lühr und Tilla Durieux im Werkraumtheater, April 1958.

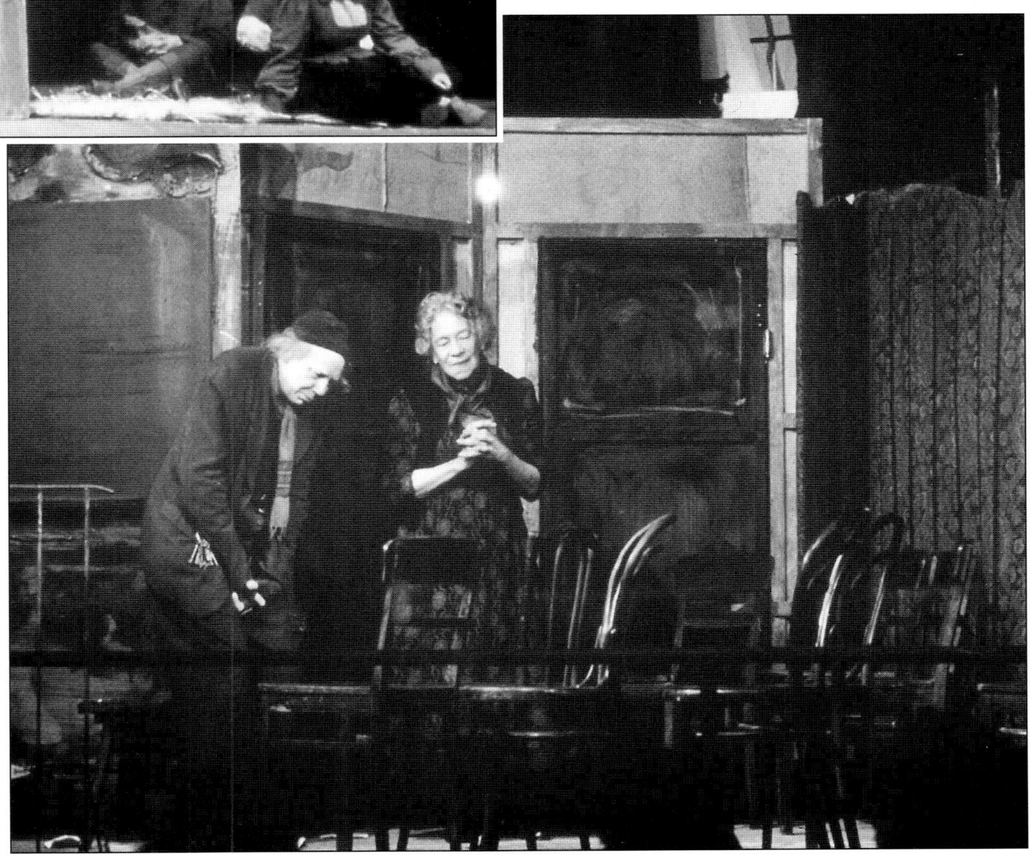

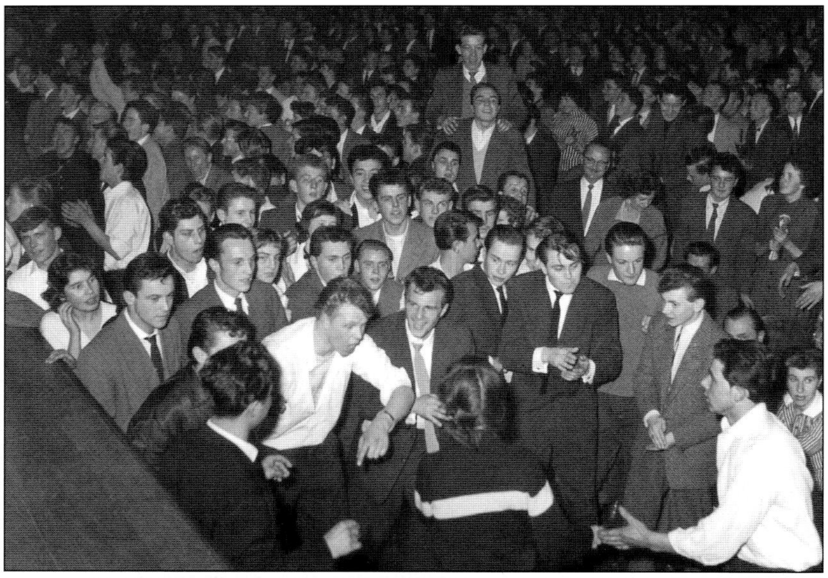

◄Angeregte Zuschauer beim ersten Münchner Rock'n'Roll-Konzert im November 1956 im Kongresssaal des Deutschen Museums.

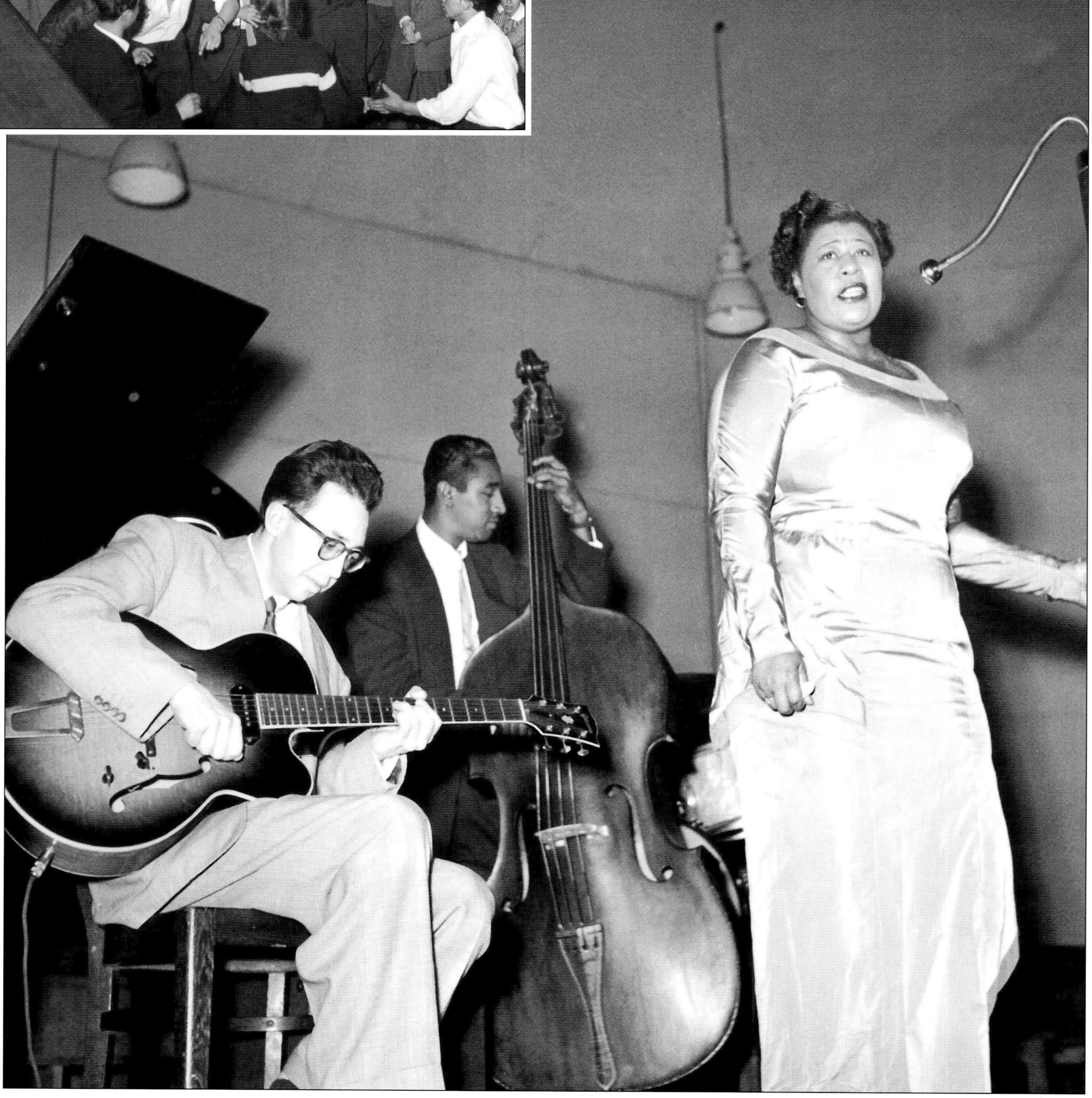

▲Viele Stars der amerikanischen Jazzszene traten in München auf und fanden ihr Publikum nicht nur unter den Besatzungssoldaten. Ella Fitzgerald bei einem Konzert im Deutschen Museum, Februar 1953. Ray Brown begleitete sie am Bass.

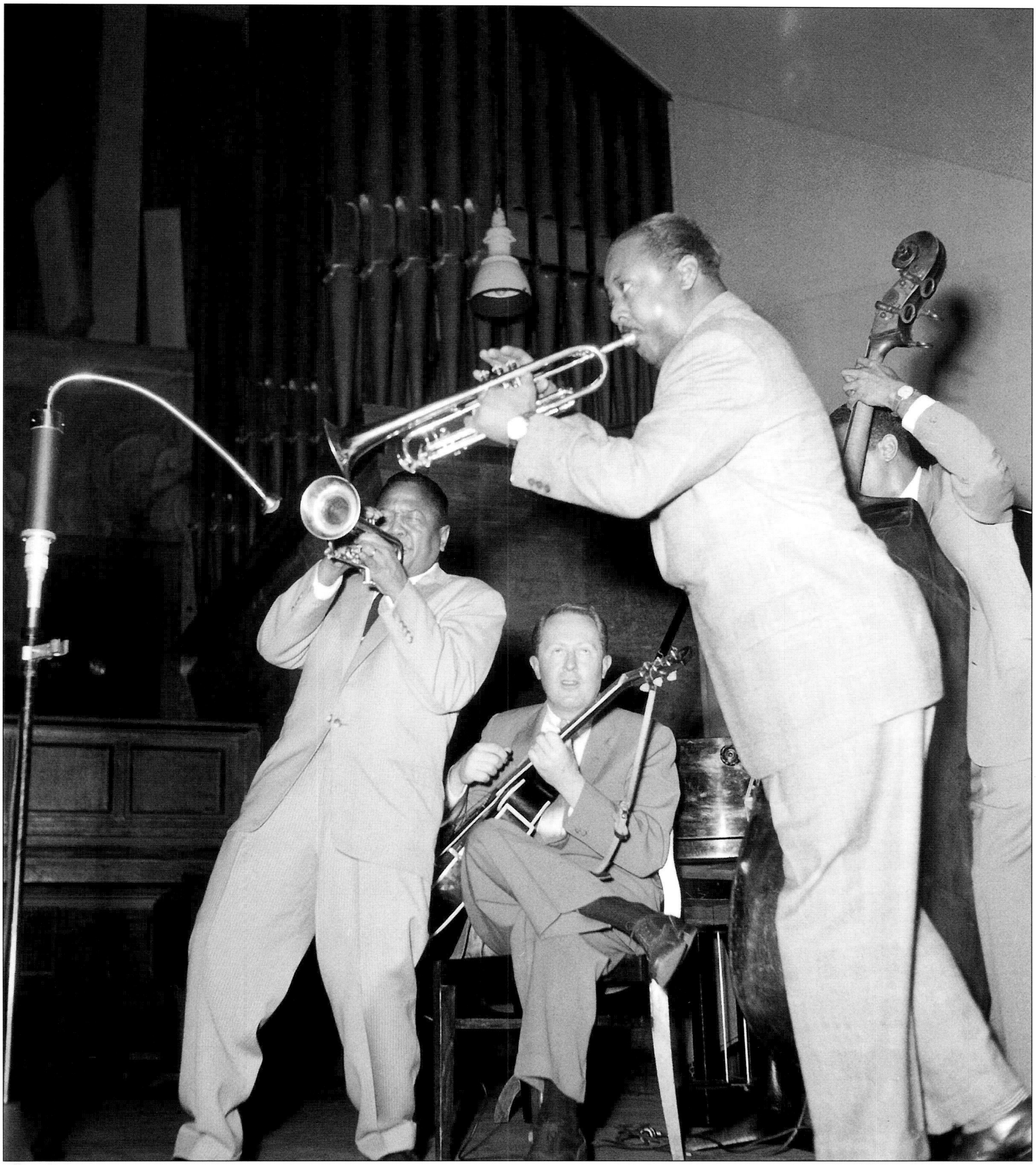

Jazzkonzert im Kongresssaal des Deutschen Museums, u. a. mit Charly Shavers und Roy Eldridge, Februar 1954.

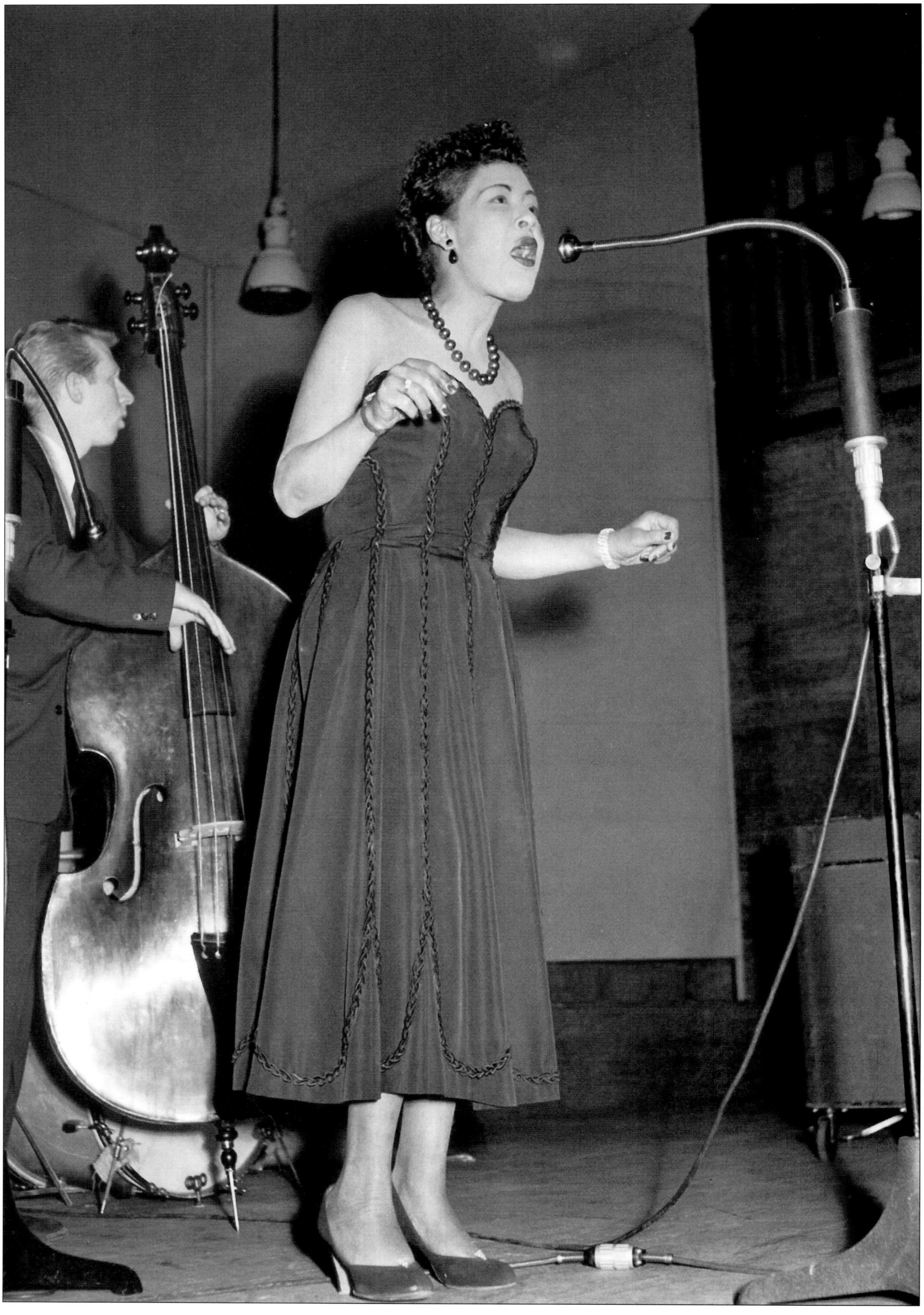

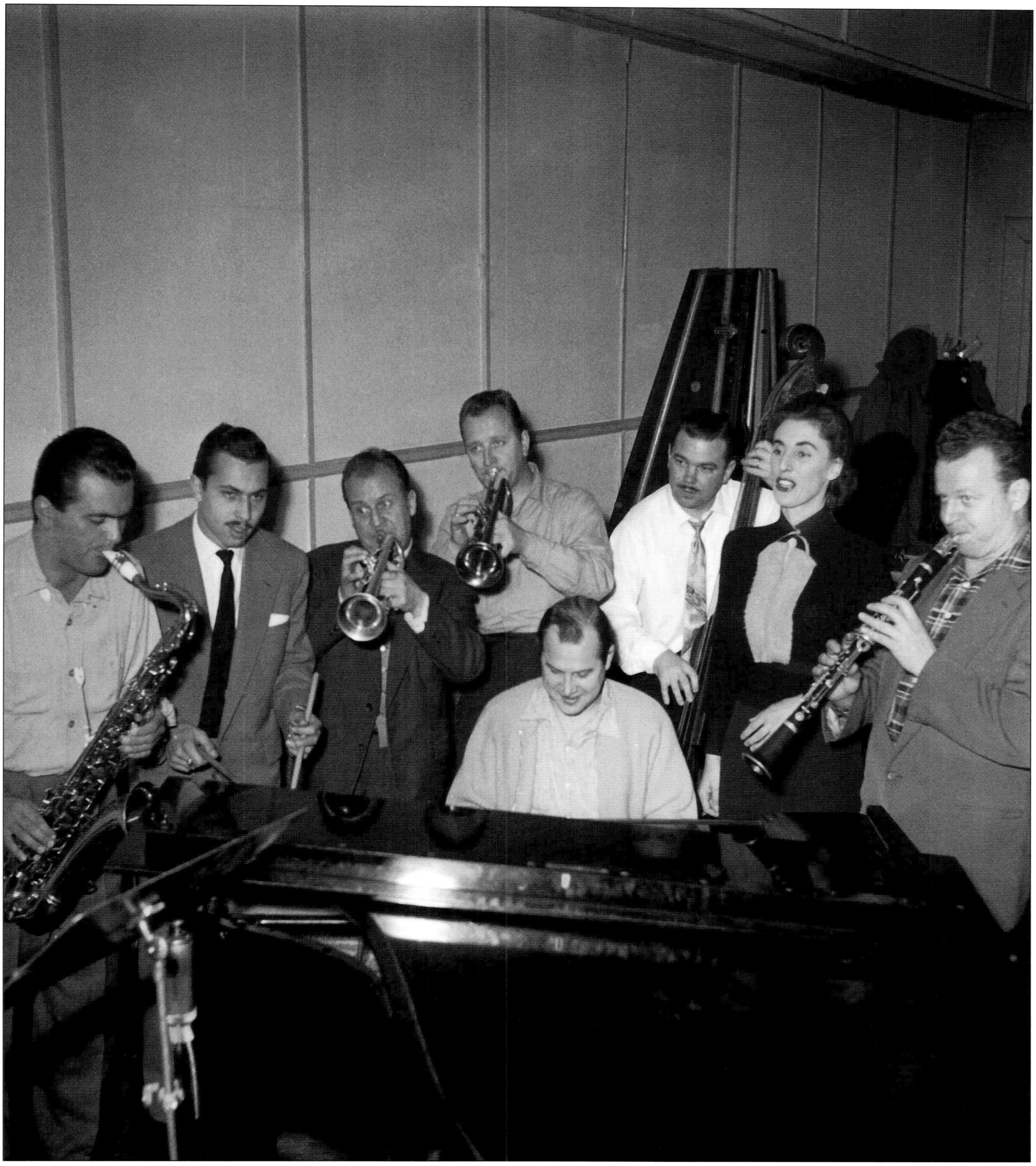

▲Auch Münchner Musiker feierten Erfolge mit den neuen Musikströmungen; hier Max Greger (links) und seine Band im November 1955. Fritz Weichbrodt und Charlie Tabor bliesen Trompete, Lutz Dietmar spielte am Klavier und Maureen Renee sang.

◀Die als beste Jazz-Sängerin der Welt gefeierte Billie Holiday trat im Januar 1954 im Kongresssaal des Deutschen Museums auf. Begleitet wurde sie von Lionel Hampton.

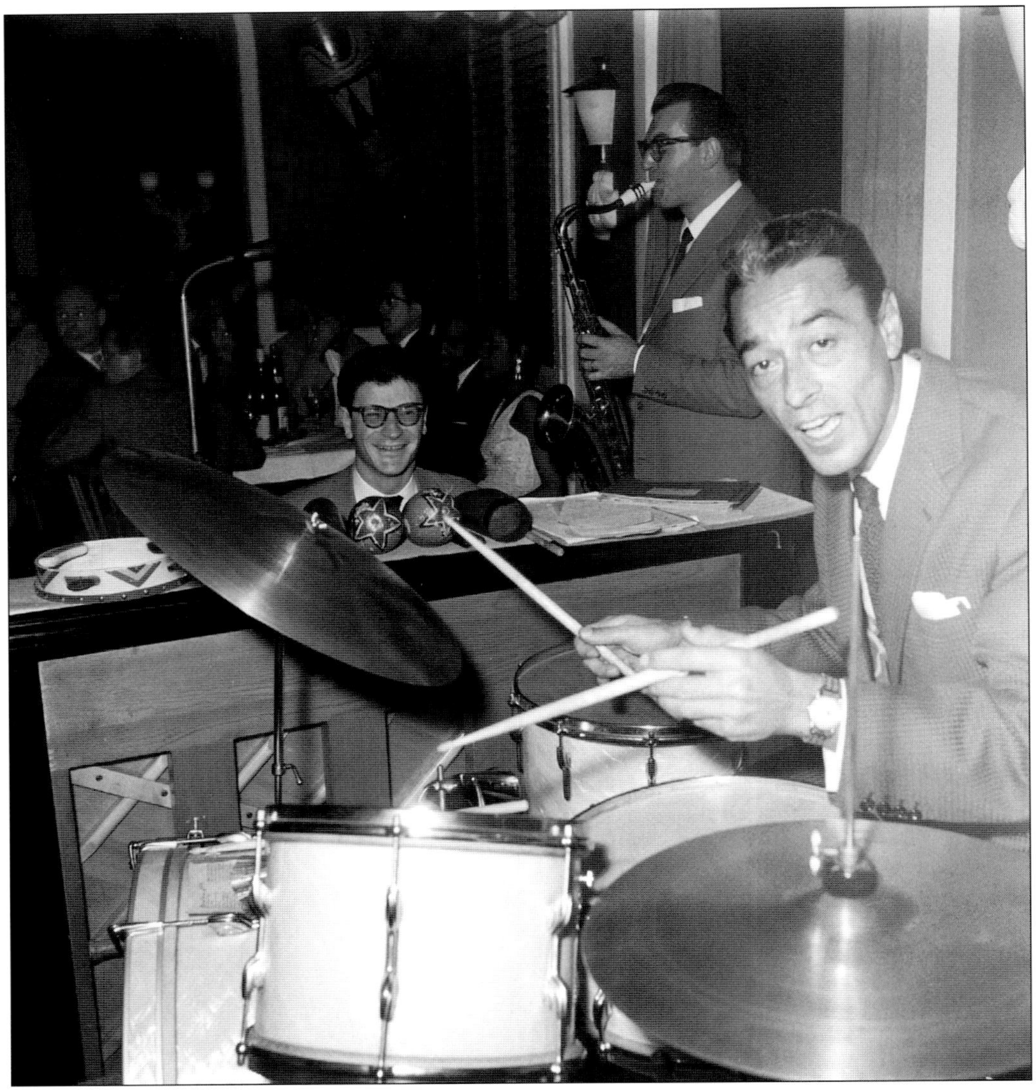

◀ Das Schwabinger Studio 15 galt als Treffpunkt der Jazzfans, vor allem wenn Freddy Brocksieper mit seiner Band auftrat wie hier im November 1956.

▼ Als Musical und als Film eine Attraktion: „Gigi" von Colette. Anlässlich der Premiere im Münchner Filmcasino im April 1955 trafen sich die Hauptdarstellerinnen der Bühnenfassung aus Baden-Baden, Stuttgart, Wiesbaden und Hof sowie die Münchner Hauptdarstellerin Gertrud Kückelmann (3. von rechts).

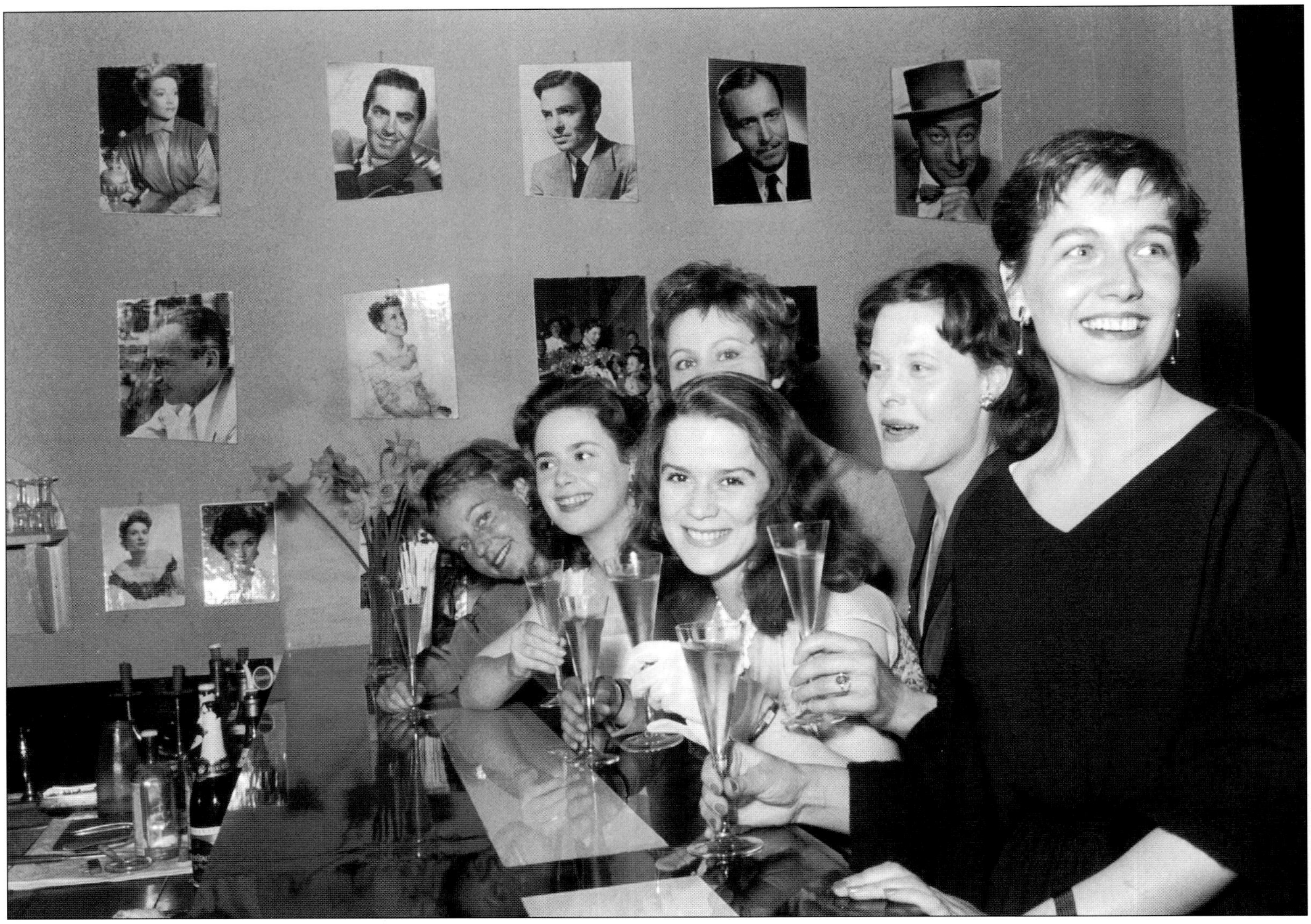

Bella Italia

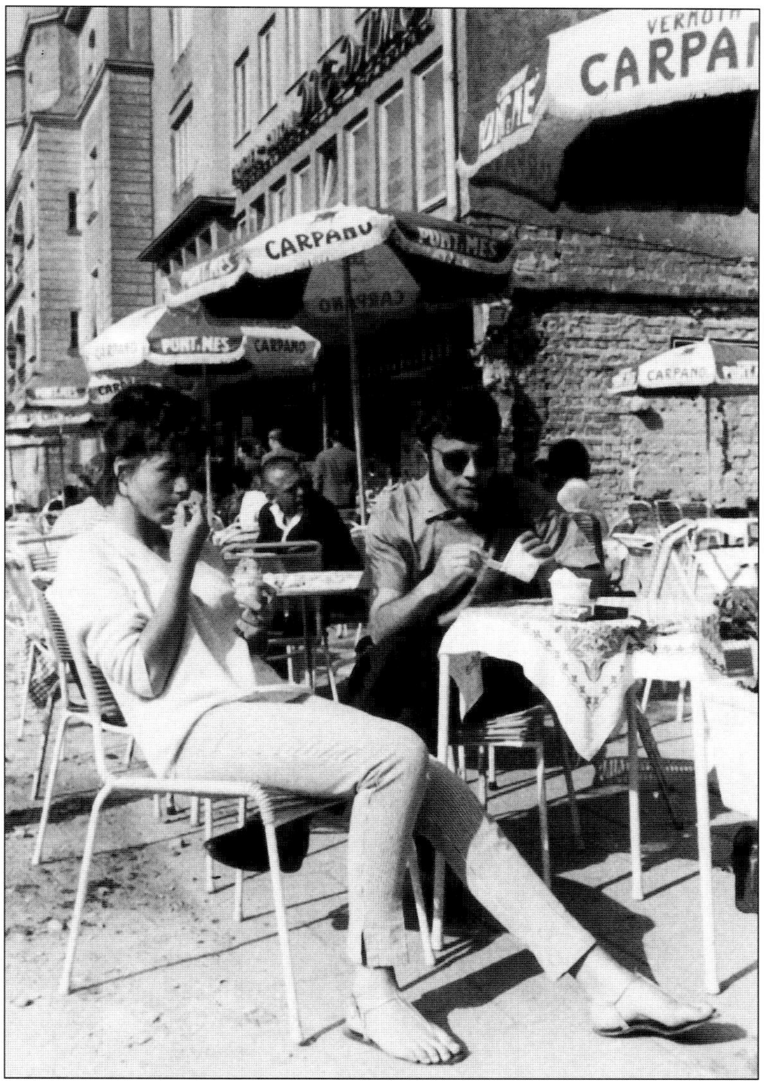

▶ ▼ Der beginnende Massentourismus an die Adriaküste und andere Urlaubsziele in Italien sorgte umgekehrt für den zunehmenden Import italienischer Waren in die Region nördlich der Alpen. Auf das im Urlaub genossene Eis wollten viele Münchner nicht mehr verzichten. Die Fotos zeigen Eisdielen an der Leopoldstraße.

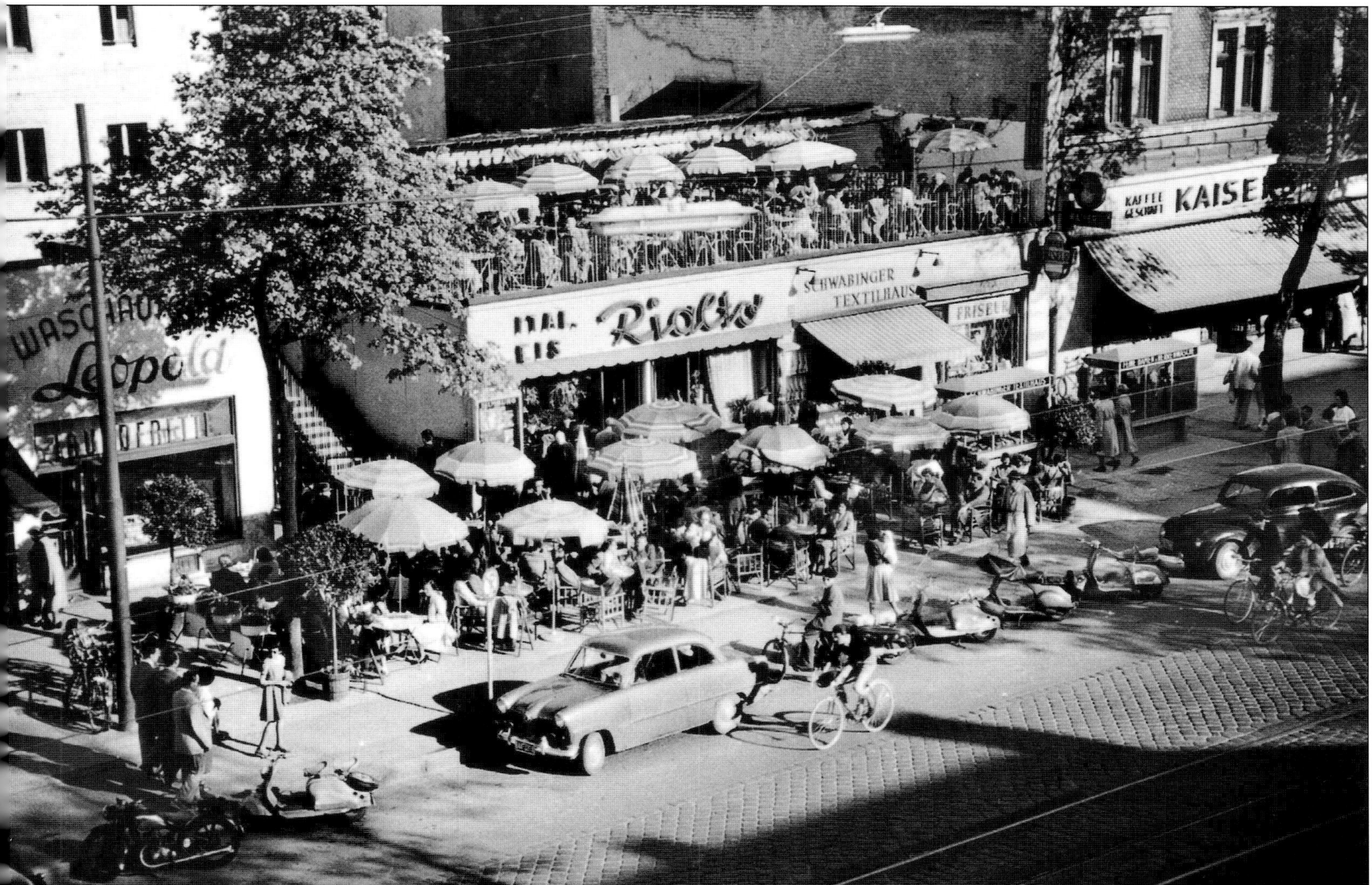

▶ Vespafahrer in der Leopoldstraße.

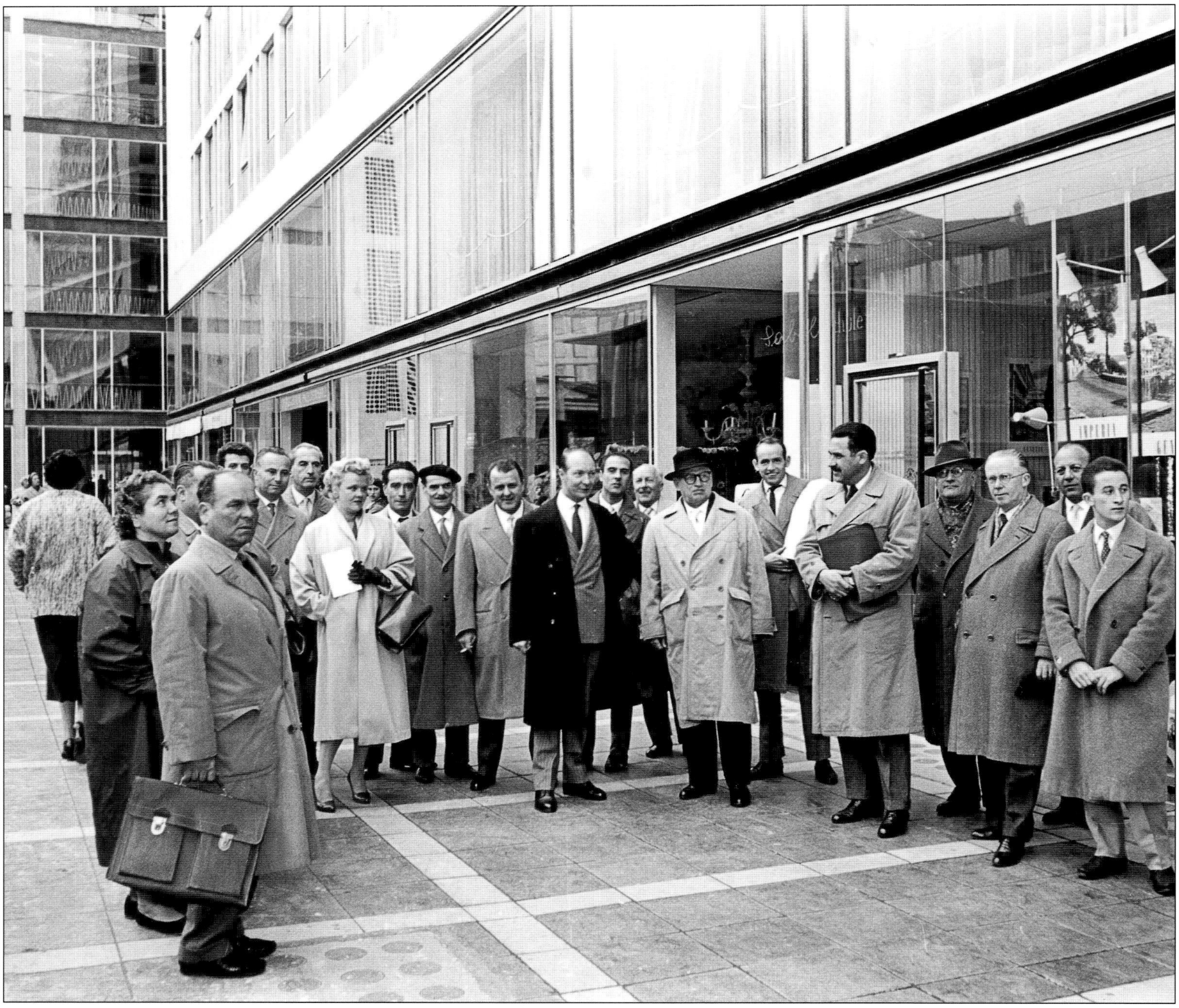

▲ Eröffnung des italienischen Reisebüros ENIT in der neuen Maxburg am 25. Juli 1956.

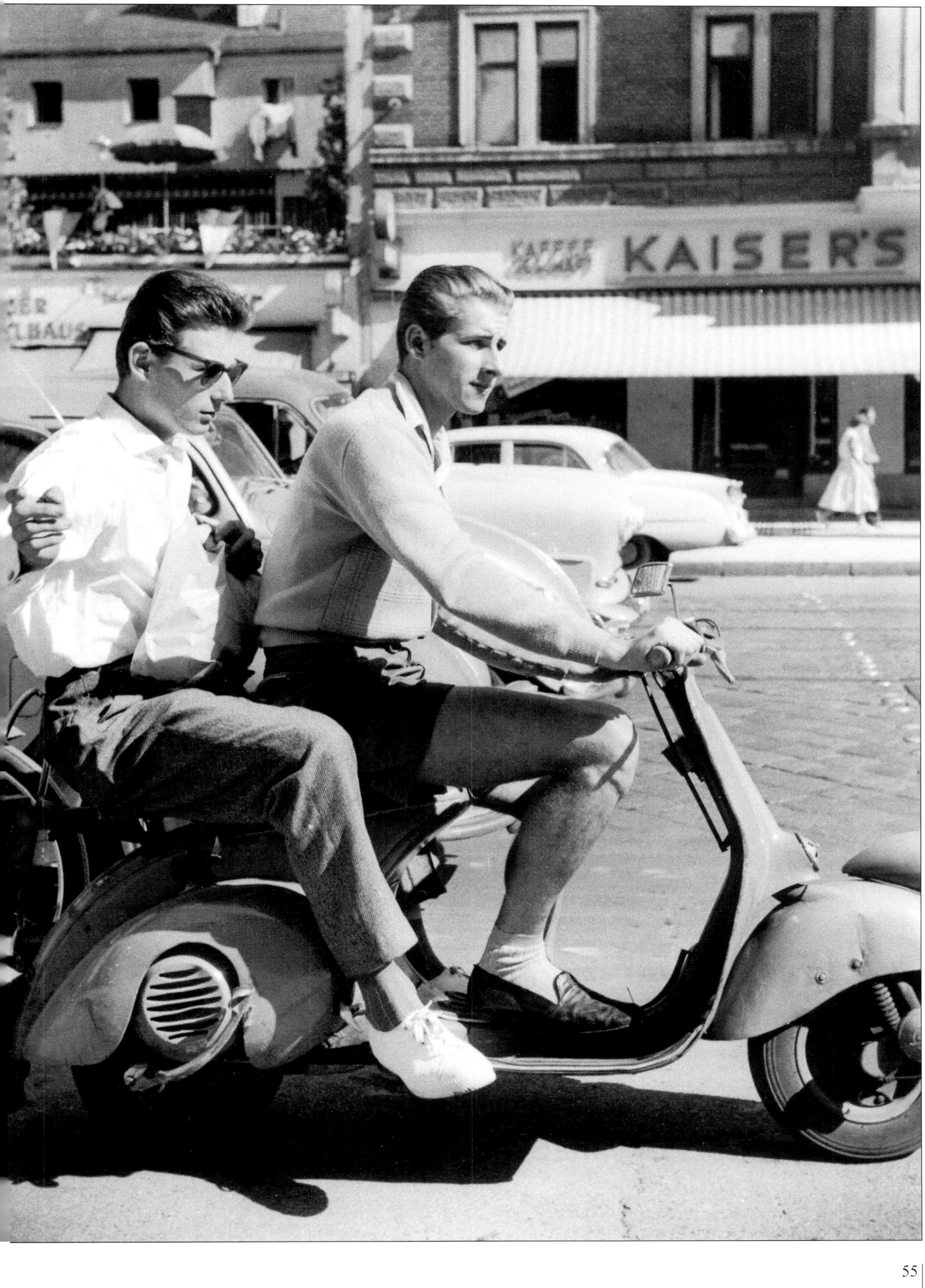
KAISER'S

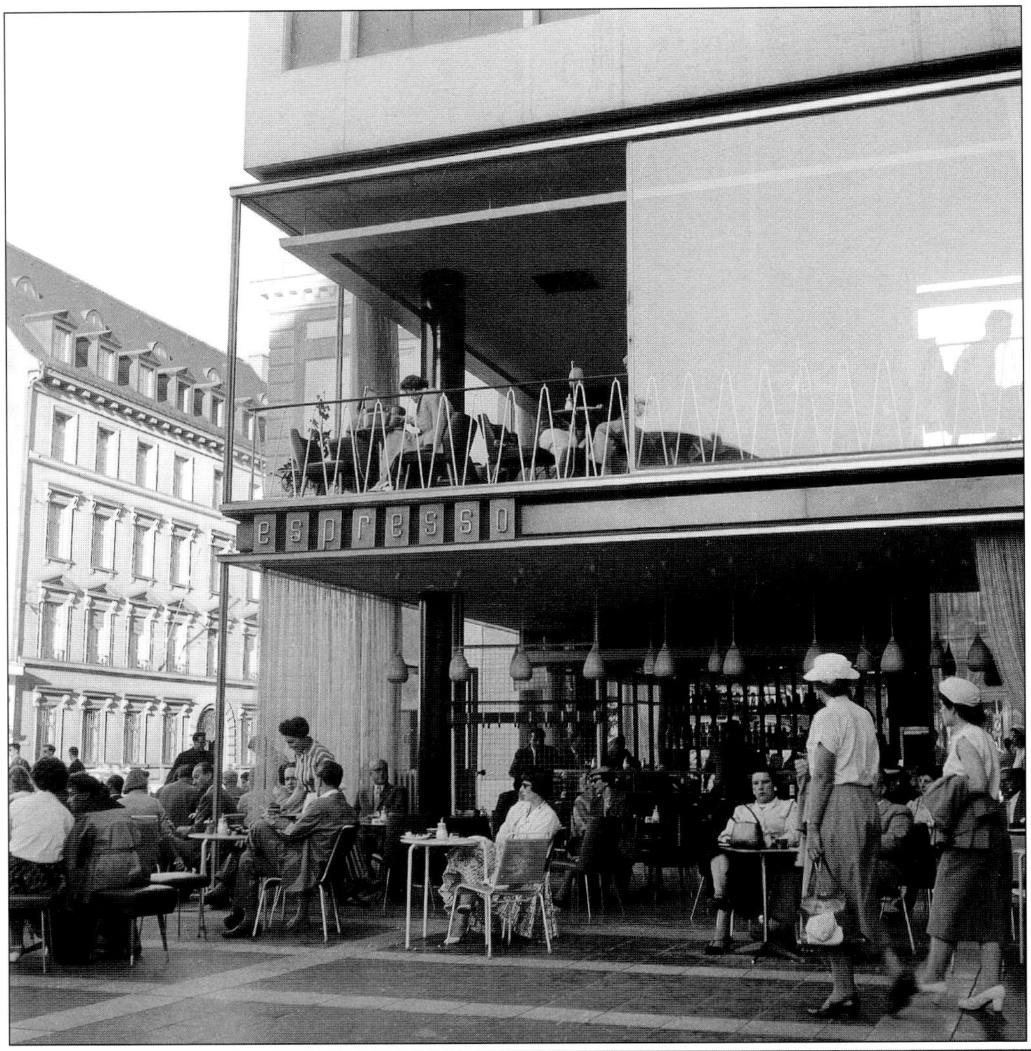

◀ Italienisches Café in der neuen Maxburg. Hier verkehrte das vornehmere Publikum.

▼ Die stolzen Besitzer der beliebten italienischen Motorroller „Vespa" schlossen sich vielfach in Vereinen zusammen und unternahmen gemeinsame Fahrten; Aufnahme aus dem Jahr 1952.

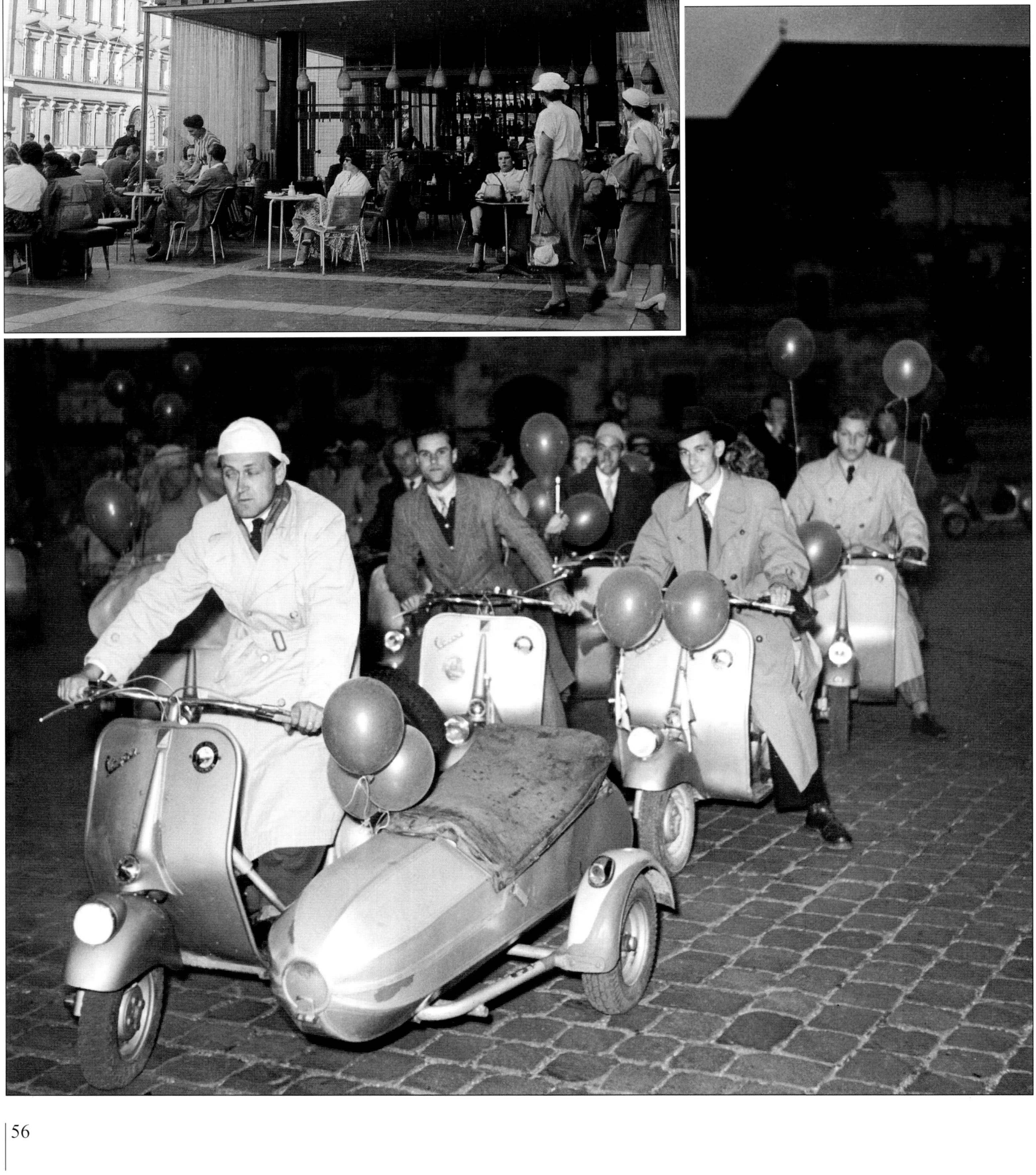

Hauptsache chic

▶ Schönheitswettbewerbe weckten den Ehrgeiz junger Frauen auf eine modebewusste Ausstattung und erwiesen sich somit als werbewirksame Wirtschaftsfaktoren. Das Foto entstand im Jahr 1952, als die schönsten Beine in Nylonstrümpfen der Firma Arwa gewählt wurden.

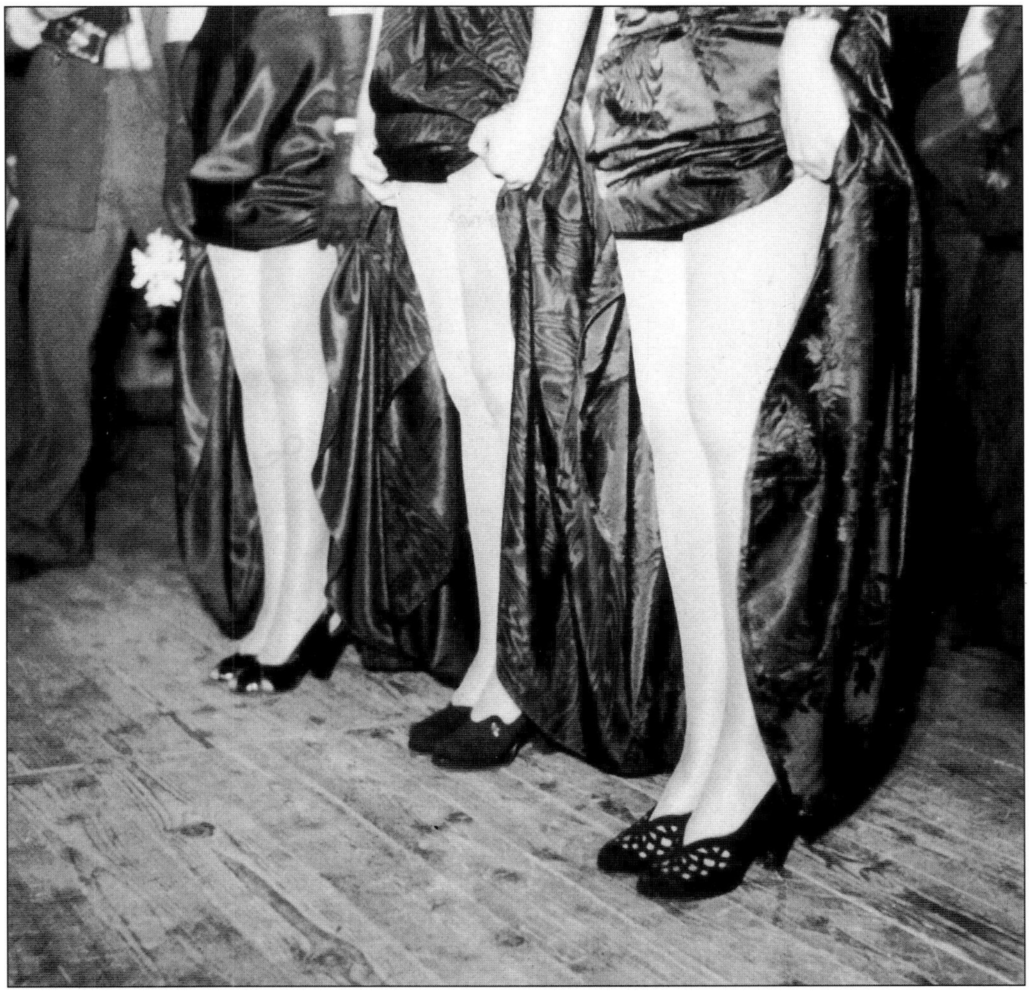

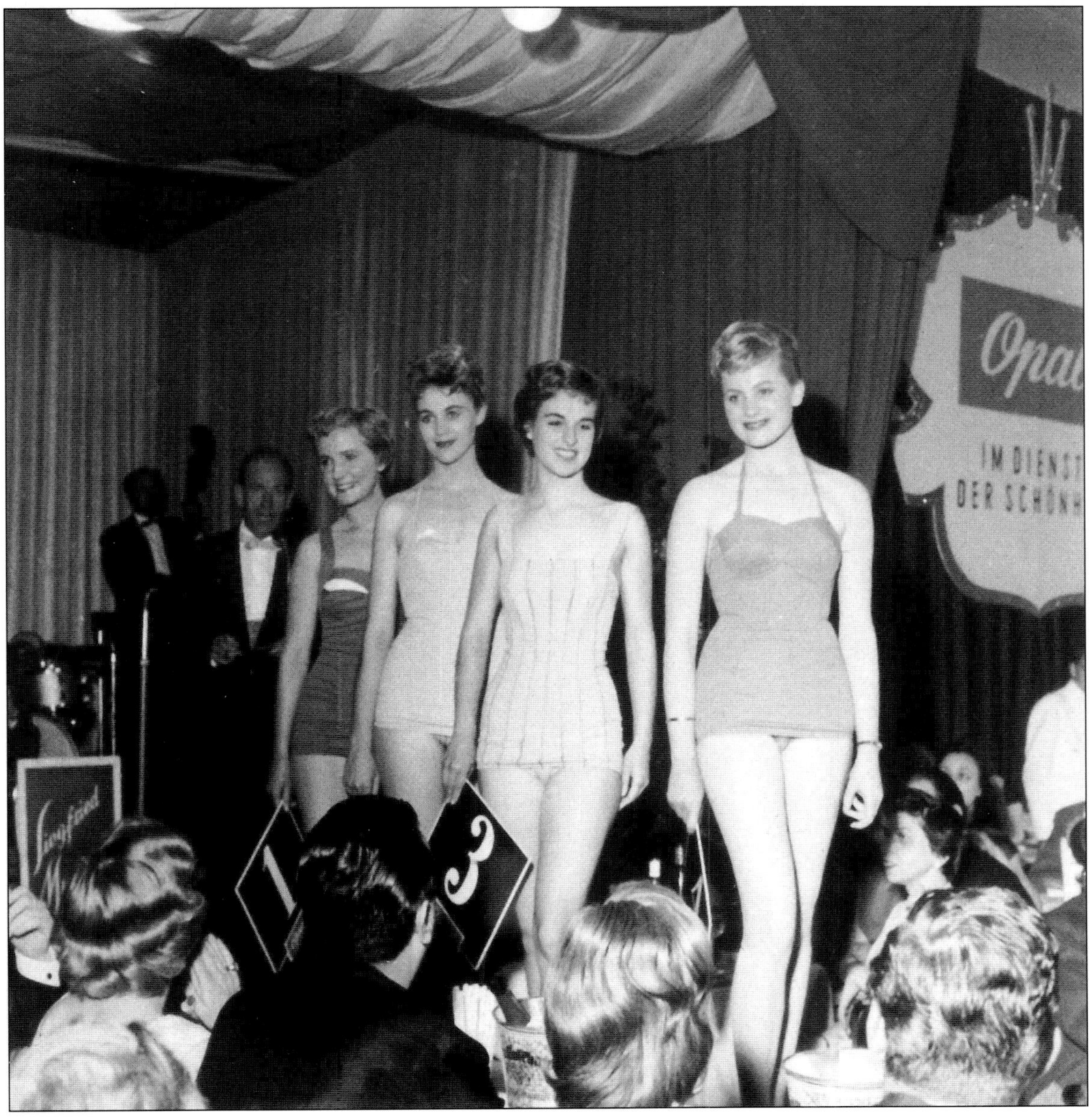

◀ Wahl zur Miß München im Regina-Palast-Hotel, Mai 1958.

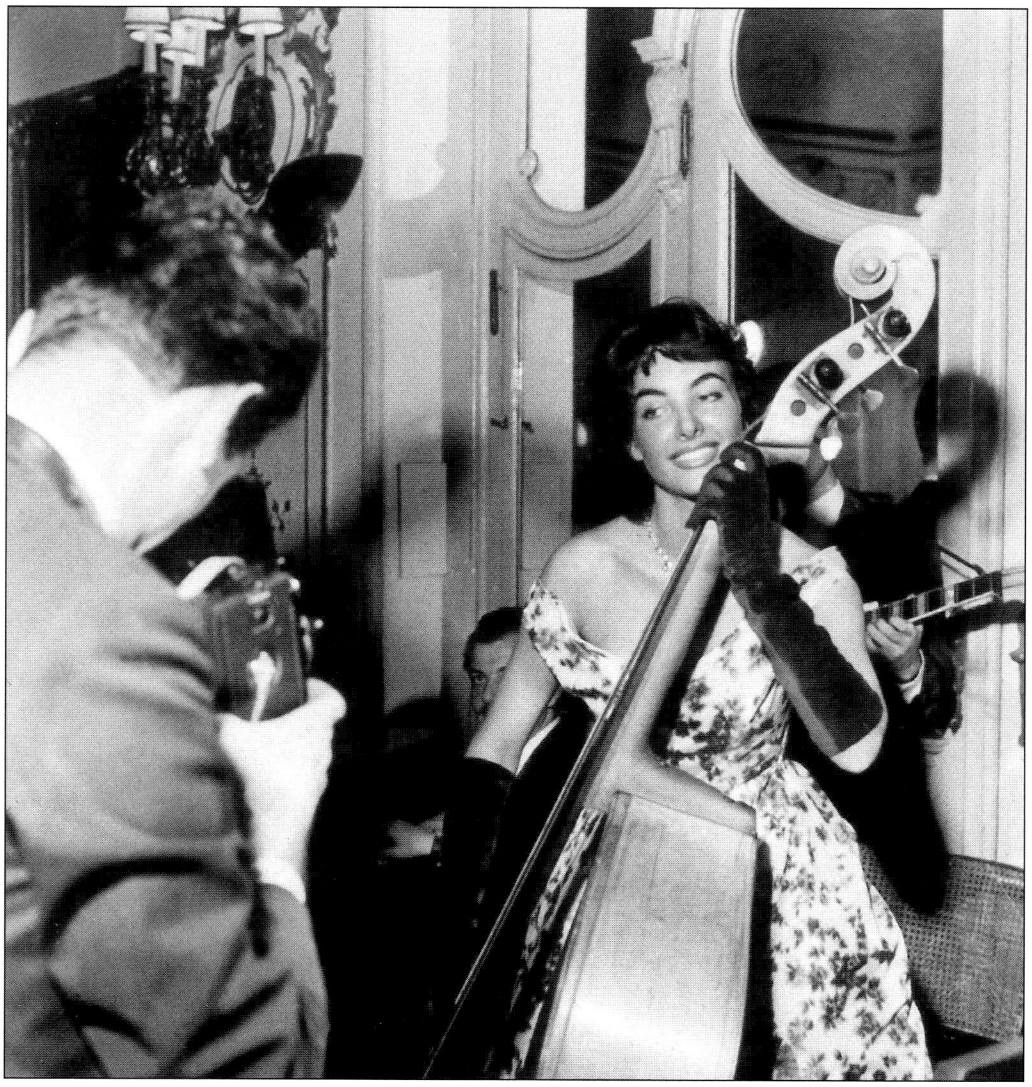

◀ Zur schönsten Frau der Welt wurde im Jahr 1956 Petra Schürmann – zuvor Miss München und Miss Germany – gewählt. Sie machte später Karriere als Fernsehansagerin.

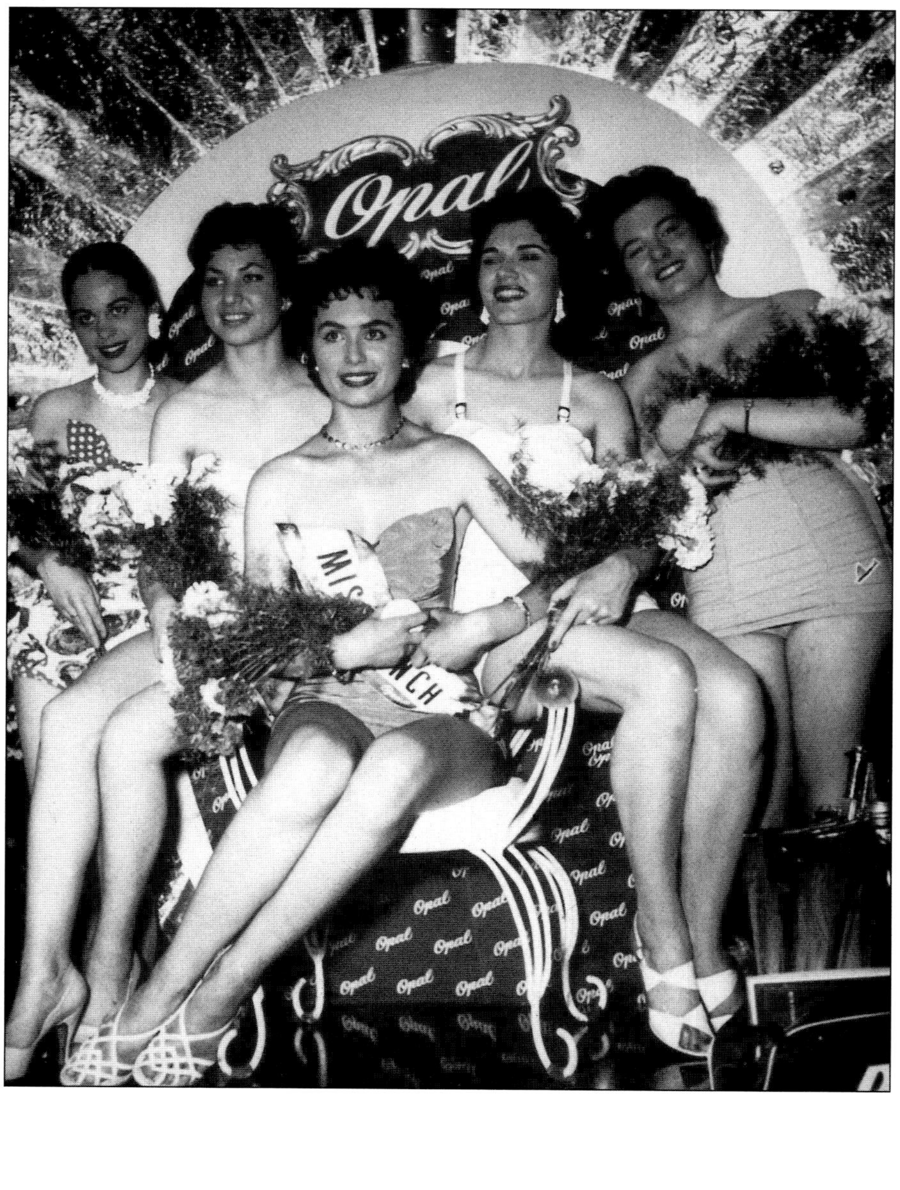

▶ Den Gewinnerinnen von Schönheitswettbewerben war die Aufmerksamkeit der Presse sicher. Hier die Konkurrentinnen bei der Wahl zur Miss München im Mai 1955.

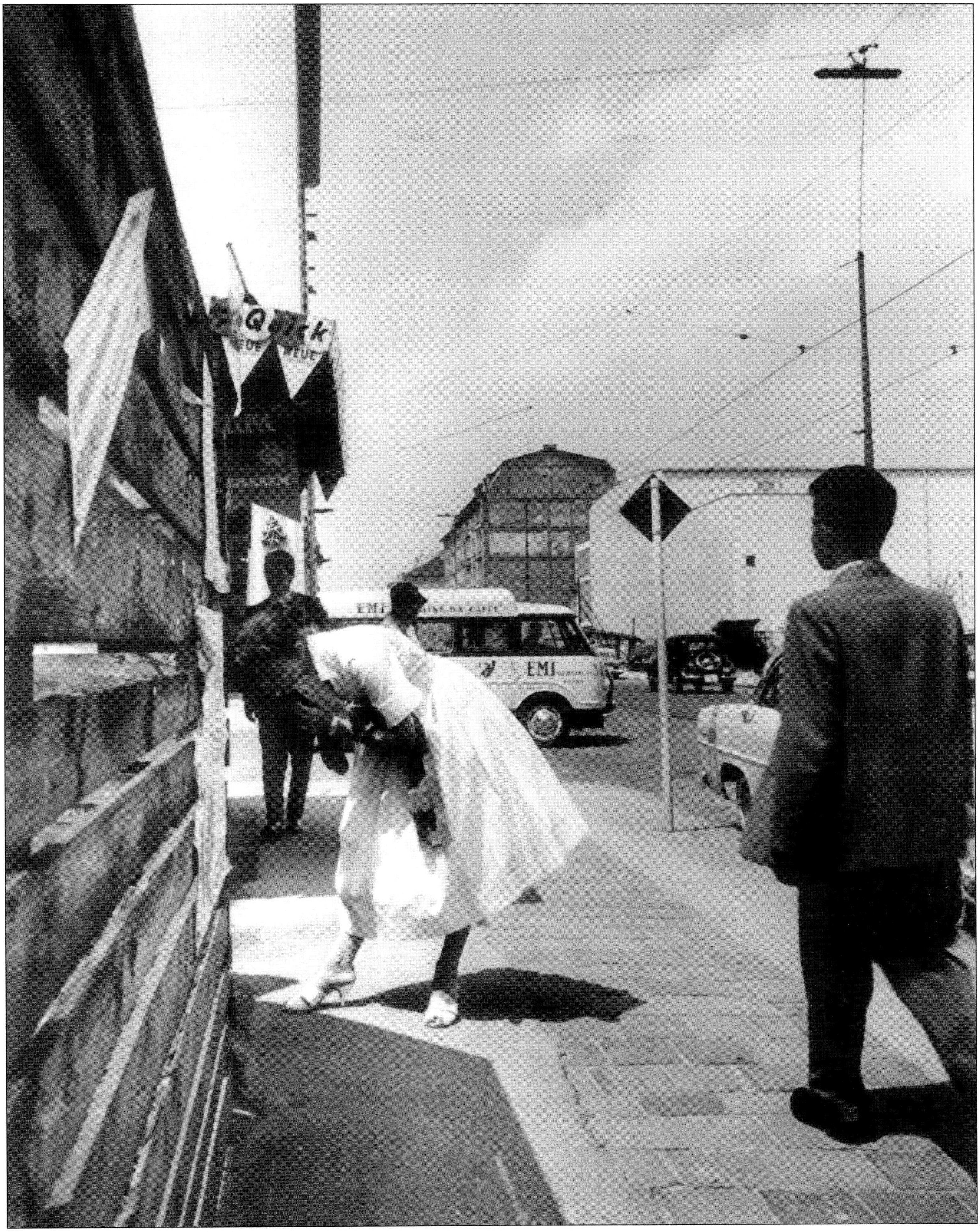

▲Eine modebewusste Zeitgenossin vor einem Zeitungskiosk an der Theresienstraße.

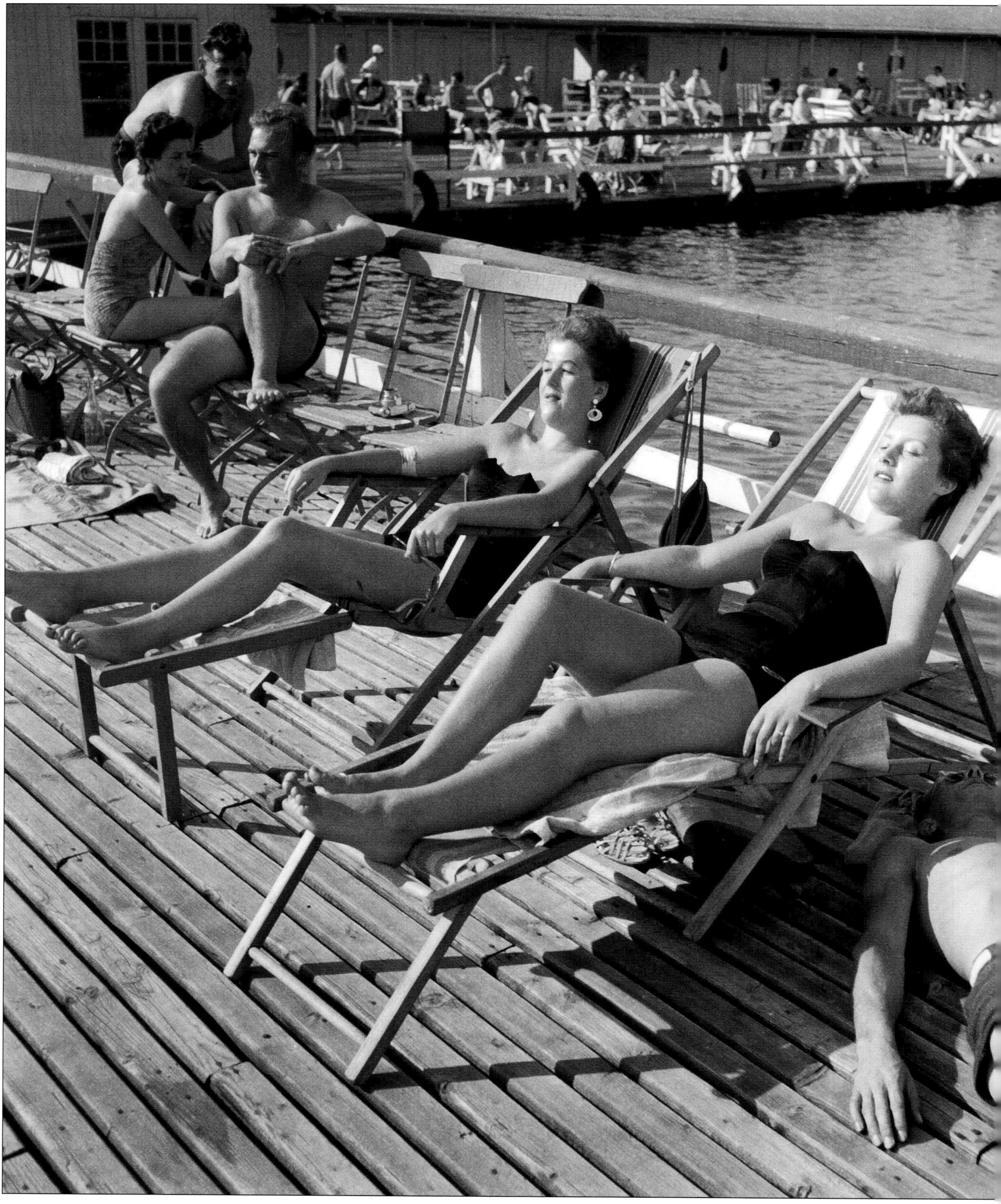

▲Zum sommerlichen Schönheitsideal gehörte die gepflegte Bräune, die man sich unter anderem im mondänen Undosabad am Starnberger See holen konnte.

►Als bewunderte Schönheit galt Kaiserin Soraya, die Ehefrau des Schahs von Persien. Im Frühjahr 1956 hielt sie sich zusammen mit ihrem Mann zu einem Staatsbesuch in München auf. Der bayerische Ministerpräsident Wilhelm Hoegner geleitete sie zu einer Opernaufführung in das Prinzregententheater. Als zwei Jahre später die Trennung der Ehe zwischen dem Schah und Soraya bekannt gegeben wurde, berichtete die Regenbogenpresse monatelang über das Unglück der früheren Kaiserin, die nun ein Jet-Set-Leben führte.

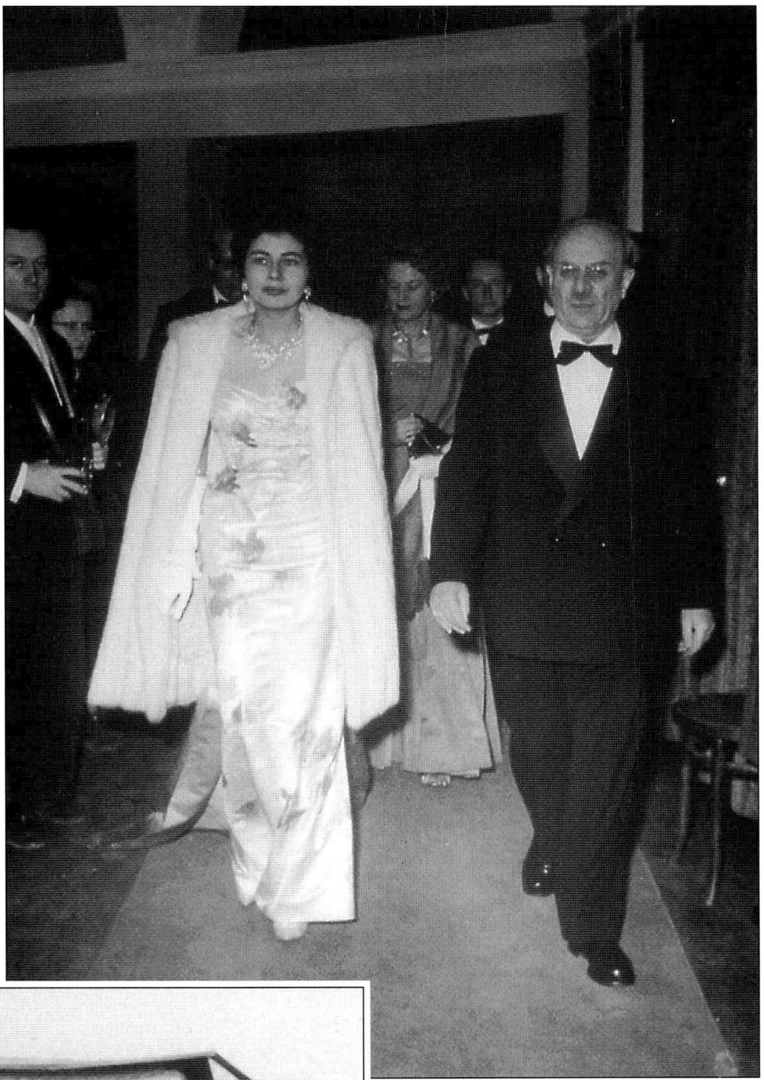

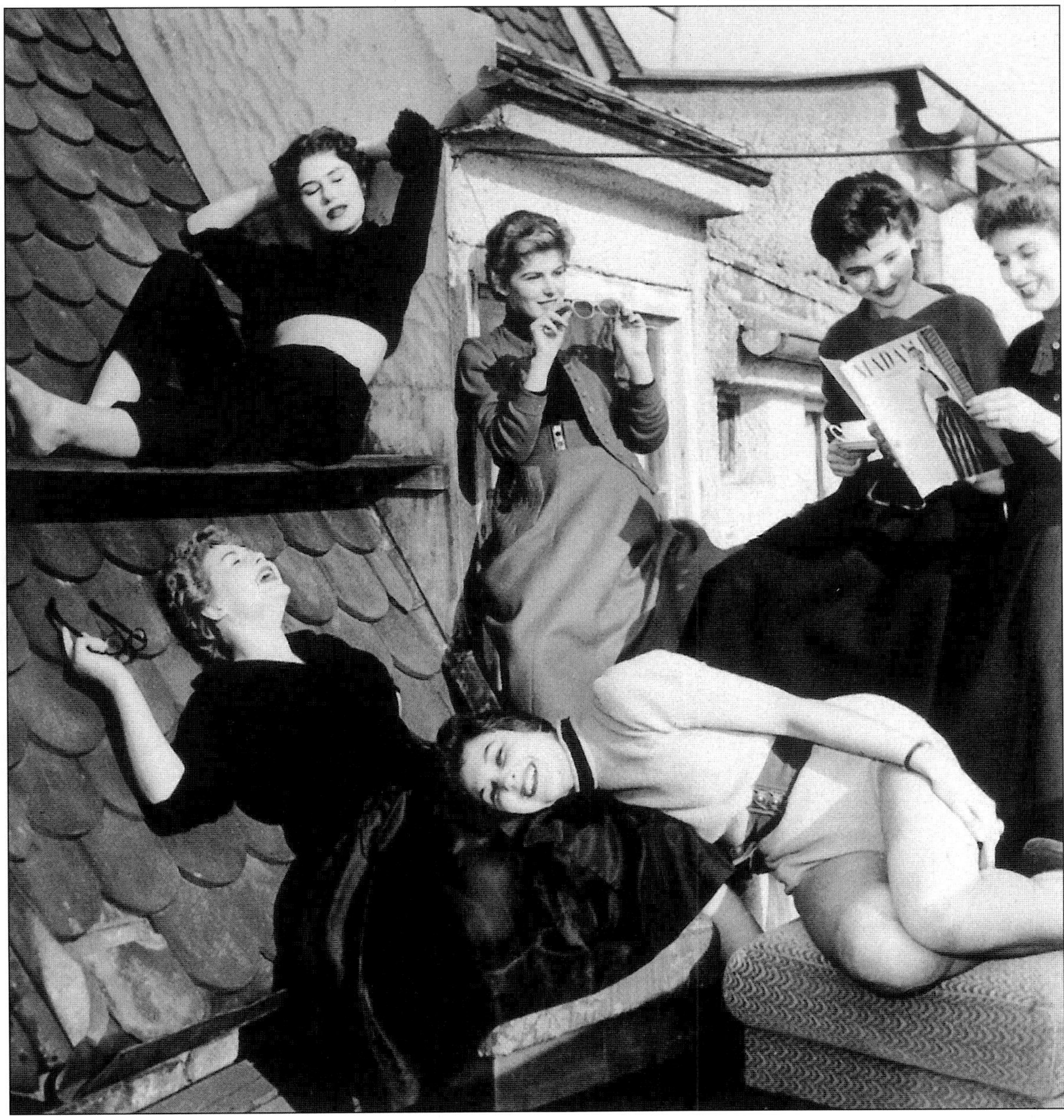

◄Mittagspause der Schülerinnen der Münchner Mannequin-Schule; die erste Frühlingssonne des Jahres 1953 lockte die angehenden Models nach draußen.

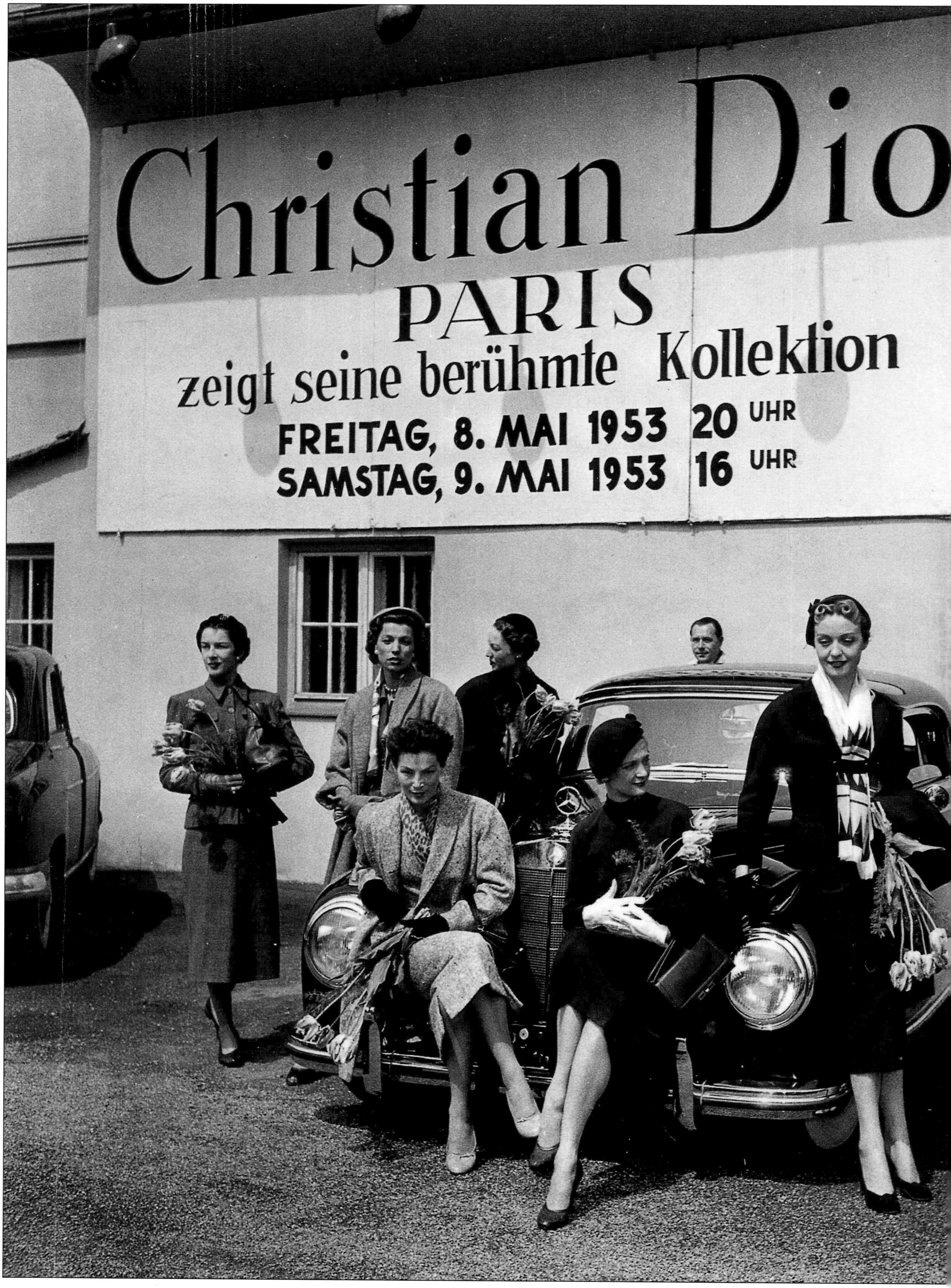
Christian Dio
PARIS
zeigt seine berühmte Kollektion
FREITAG, 8. MAI 1953 20 UHR
SAMSTAG, 9. MAI 1953 16 UHR

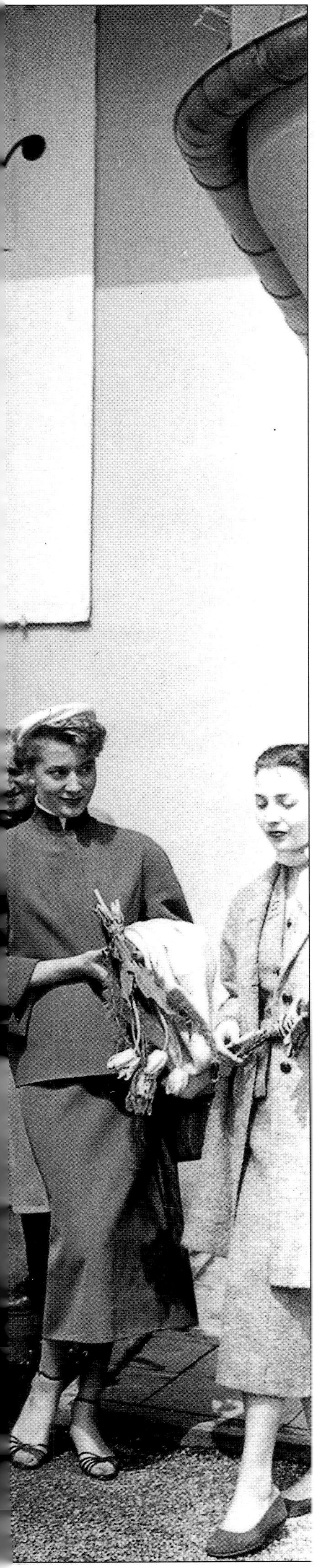

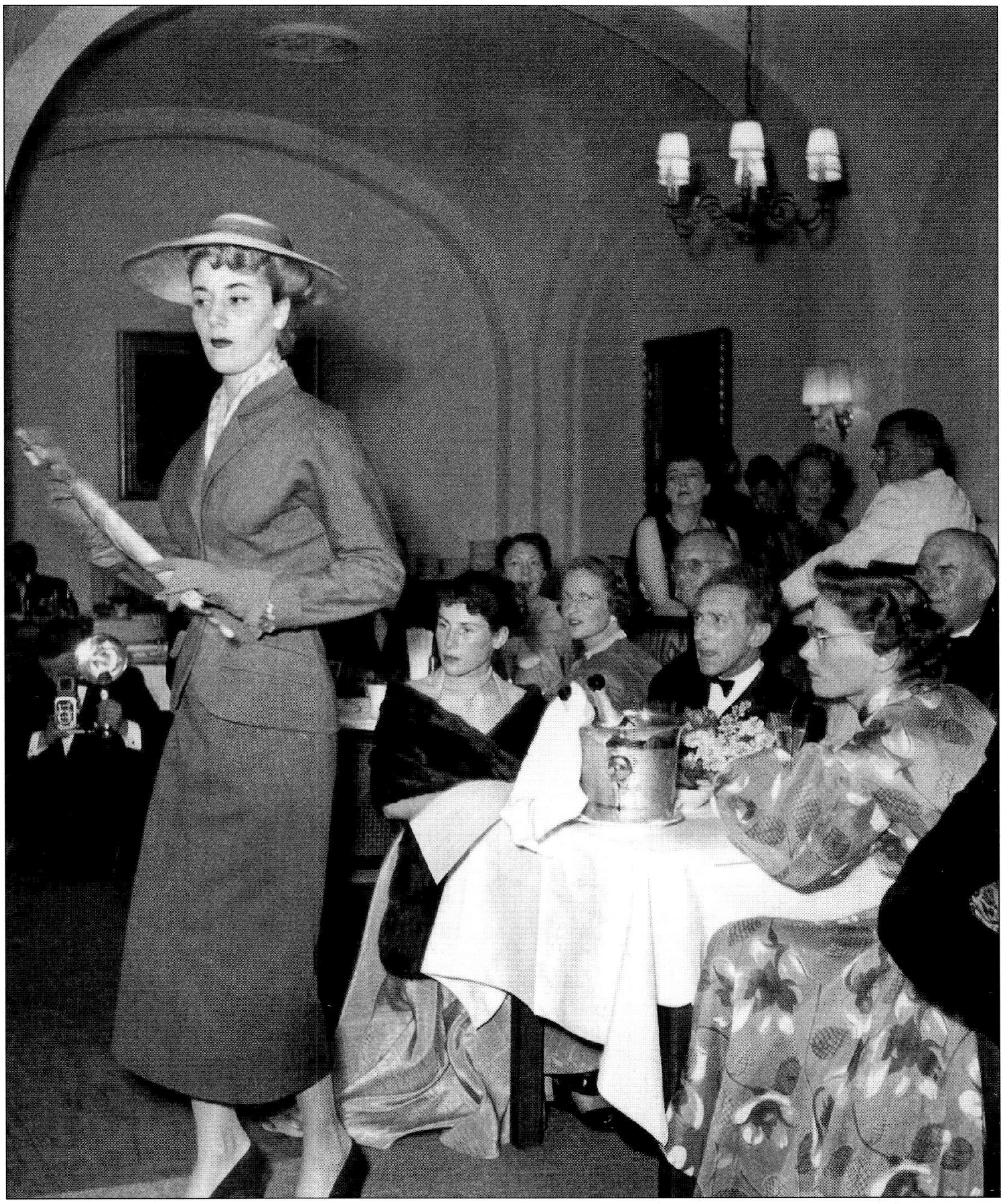

◀▲In Modefragen orientierten sich die Frauen von Welt fast ausschließlich an den berühmten französischen Modeschöpfern. Christian Dior lud im Mai 1953 zu einer Modenschau in den Bayerischen Hof ein.

Weitere Bücher aus dem Wartberg Verlag

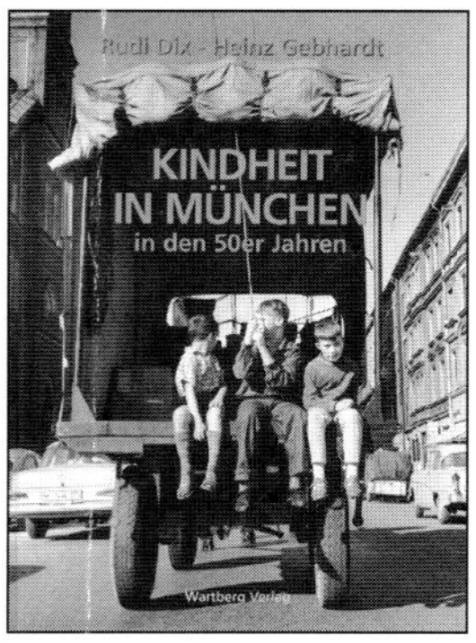

Kindheit in München in den 50er Jahren
von Rudi Dix und Heinz Gebhardt
64 S., geb., zahlr. S/w-Fotografien, Großformat
(ISBN 3-86134-396-7)

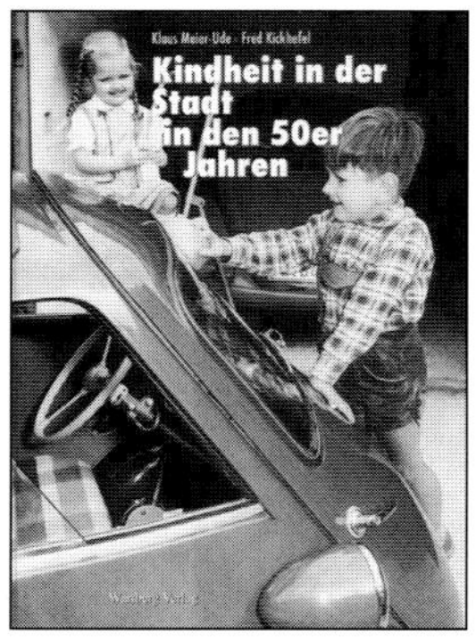

Kindheit in der Stadt in den 50er Jahren
von Klaus Meier-Ude und Fred Kickhefel
64 S., geb., zahlr. S/w-Fotografien, Großformat
(ISBN 3-86134-315-0)

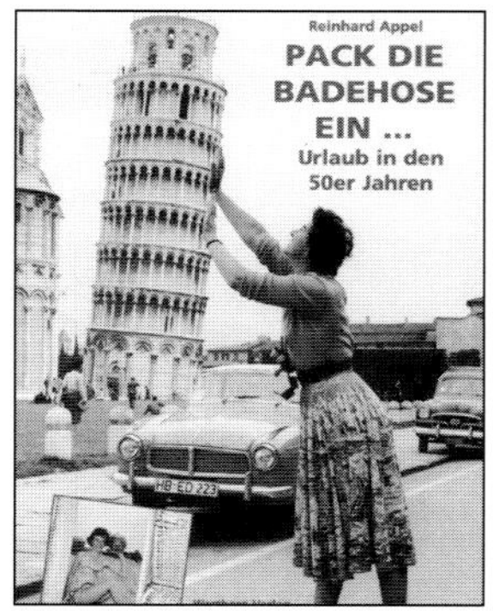

Pack die Badehose ein – Urlaub in den 50er Jahren
Die beeindruckenden Bilder geben die Stimmungslage der 50er Jahre präzise wieder
von Reinhard Appel
72 S., geb., zahlreiche S/w-Fotos
(ISBN 3-86134-381-9)

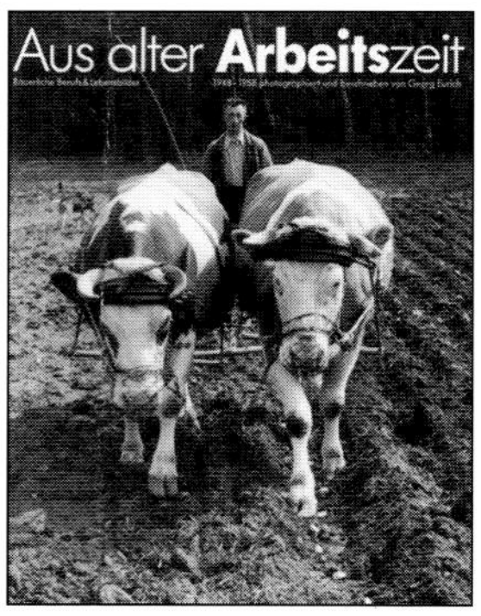

Aus alter Arbeitszeit – Bäuerliche Berufs- und Lebensbilder 1948–1958
von Georg Eurich
80 S., geb., zahlr. histor. S/w-Fotografien, Großformat
(ISBN 3-925277-34-X)

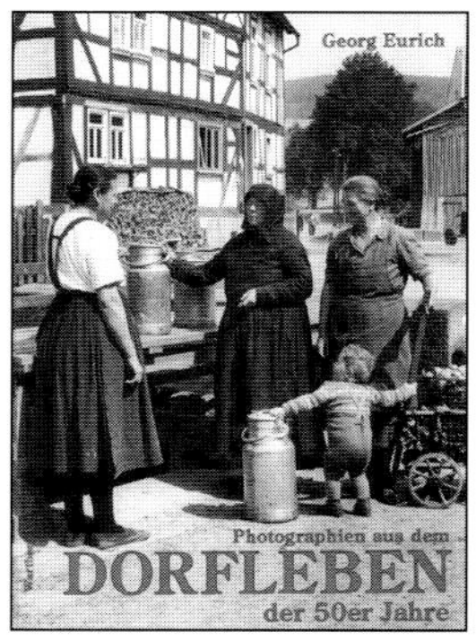

Photographien aus dem Dorfleben der 50er Jahre
Der 2. Band der beeindruckenden Fotosammlung
von Georg Eurich
72 S., geb., zahlr. histor. S/w-Fotografien, Großformat
(ISBN 3-86134-108-5)

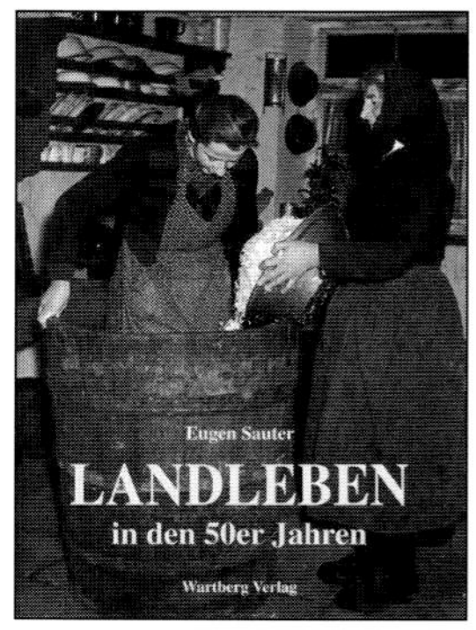

Landleben in den 50er Jahren
von Eugen Sauter
Der dritte Fotoband von Eugen Sauter über die Arbeit auf dem Land
64 S., geb., zahlr. Farbfotos, Großformat
(ISBN 3-86134-316-9)

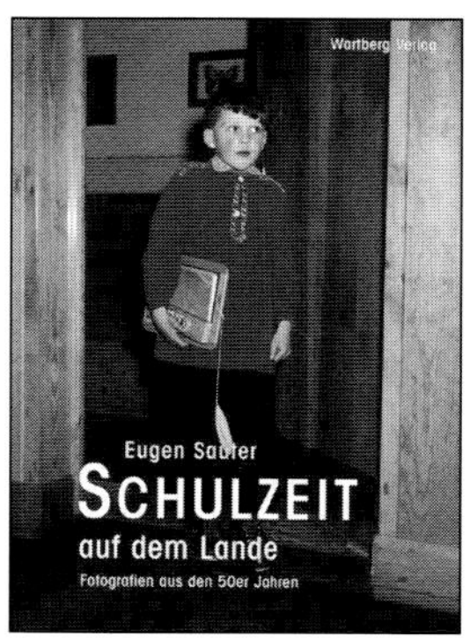

Schulzeit auf dem Lande
von Eugen Sauter
Fotografien aus den 50er Jahren
64 S. mit zahlreichen Farb- und S/w-Fotos, Großformat, geb.
(ISBN 3-86134-486-6)

Wartberg Verlag GmbH & Co. KG
Im Wiesental 1 · 34281 Gudensberg-Gleichen · Telefon (0 56 03) 9 30 50 · Fax (0 56 03) 30 83
www.wartberg-verlag.de